La Musique consolatrice

GEORGES DUHAMEL

La Musique consolatrice

de l'Académie française

collection Alphée

Editions du Rocher
Jean-Paul Bertrand
Editeur

La Musique consolatrice

This edition published by arrangement with toExcel,
a strategic unit of Kaleidoscope Software.

For information address:
toExcel
165 West 95th Street, Suite B-N
New York, NY 10025
www.toExcel.com

ISBN: 1-58348-178-8

Printed in the United States of America

0 9 8 7 6 5 4 3 2 1

PRÉFACE

Au cœur des années noires, au plus profond de l'occupation, Georges Duhamel, mon père, s'est attaché à rendre hommage à la musique, cette ultime consolatrice. De qui parle-t-il d'abord ? De Bach, de Hændel, de Mozart, de Beethoven, de Schubert ou de Wagner, tous ces génies de l'âme germanique universelle, cette âme que les hasards de l'histoire venaient de transformer, dans ces temps-là, en la plus horrible des barbaries.

Dans la vie tumultueuse de l'écrivain humaniste, cette vie secouée par deux terribles guerres et tant de querelles, existaient quelques pôles de repos et de certitudes. Un pôle littéraire, auquel il consacra sa vie ; un pôle médical, base de son humanisme ; un pôle d'amour et d'amitié, sa femme Blanche Albane, sa famille, ses enfants et tous ses vieux camarades ; un pôle privilégié, la musique.

À l'inverse de tant d'écrivains français, de Boileau à Breton, qui nourrissaient à l'égard de l'art musical une sourde haine, née d'une extrême méfiance pour ce « signifiant » si rétif à la pensée intellectuelle, Georges Duhamel avait la religion de la musique, l'écoutait sans cesse, la chantait —

avec une mémoire confondante —, la pratiquait, la répandait autour de lui avec un zèle d'apôtre.

Et des quatre pôles qui orientaient sa vie, aucun, autant que la musique, ne lui apporta une telle sécurité, un tel amour, et, dans ces années si terribles, une aussi sûre consolation.

Au premier rang de cette vie musicale venaient se placer nos propres activités, en famille et avec les amis. Cet art ne doit pas être subi, mais pratiqué ; c'était là une des plus grandes convictions de mon père : la connaissance des œuvres de l'esprit exige un effort, et on doit la mériter par quelque travail. D'où son exaspération à l'égard de toutes les formes de « consommation » de l'art, qui naissaient à son époque, et qui se sont tant développées depuis. Cette réflexion sévère mérite plus que jamais d'être reprise aujourd'hui. Elle est, je crois, perçue par bien des gens qui, noyés de musique dans les magasins, les restaurants, viennent de plus en plus nombreux apprendre à en faire par eux-mêmes, dans les écoles, les conservatoires, les facultés, voire même en fondant un « groupe ».

Ce fut le chemin de mon père qui, passé la trentaine, se mit à la flûte. Et, à peine débutant, fit de la musique de chambre. Et, rentrant de la guerre, chercha inlassablement autour de lui à rassembler des musiciens, constituer un orchestre à la maison, susciter partout l'envie d'une grande activité musicale.

C'est, je n'en doute pas, cette envie qui m'a

formé, m'a fait compositeur, m'a fait créer, à Villeurbanne, une école de musique suivant nos rêves.

Georges Duhamel pouvait, à lui tout seul, en soupant avec la reine de Hollande, chanter des œuvres entières, du début à la fin. S'il eut été Schéhérazade, c'est sans doute ainsi qu'il aurait pu sauver sa vie, pendant mille et une nuits.

C'est toute cette expérience consolatrice que mon père retrace dans cet admirable livre, l'un de ses plus riches, que les hasards de l'édition avaient rendu introuvable depuis si longtemps.

Valmondois, le 17 juillet 1989
Antoine Duhamel

PRÉFACE DE L'AUTEUR

Ces choses de notre vie, à nous, les hommes du XXe siècle, ces œuvres de nos démons familiers, ces créations, ces créatures, ces prodiges, ces prestiges, ces enfants de notre génie inquiet, ces merveilles alarmantes en lesquelles, ingénument, nous avions mis toutes nos complaisances, ces merveilles hagardes n'attendaient, nous le savons maintenant, qu'une lubie de la fortune pour nous tromper, pour nous trahir, pour se détourner de nous, pour se retourner contre nous.

La musique n'a pas trahi. La musique ne nous a pas trompés. Elle veille avec nous, en nous, parmi les ruines et les cendres de tous nos anciens bonheurs.

Au terme de ce hideux hiver, j'ai voulu, de tout mon cœur, m'adresser à la musique et lui chanter une action de grâces. Oui! je voulais chanter, et non pas seulement avec les violes de l'âme, avec les flûtes du rêve, mais encore avec cette gorge malade, avec cette gorge souffrante, percluse plus qu'à demi.

Et puis, le besoin m'est venu de reprendre l'éternel apostolat. Irrésistible désir de partager ce que l'on aime. Et j'ai construit mon petit livre. Mais qui prêche-t-on, juste ciel, sinon les convertis?

Les essais et souvenirs que je réunis ici, c'est bien pour les convertis que je les ai composés, et sans doute aussi pour les gens de bonne volonté qui ne font pas la petite bouche à l'idée d'une conversion, qui songent à la musique comme à une patrie possible, à un refuge, à une foi, à une lueur.

Ces essais, ces souvenirs, ces esquisses ont le tour oratoire que l'on prend naturellement quand on pense au partenaire avec une ardeur certaine, quand on regarde vers lui pour l'enseigner, pour le guérir, pour le sauver de toute la tristesse du monde, fût-ce en lui faisant savourer cette tristesse jusqu'à la lie, en lui montrant que cette tristesse peut devenir belle, noble et féconde.

La musique circule partout, telle une eau souterraine, dans le royaume de ma vie. Elle est partout dans mon travail et je n'ai jamais méprisé la plus petite chance de l'honorer, de la servir, de manifester en quelque manière la gratitude que je ressens à son endroit. S'il m'arrive d'entr'ouvrir, au vol, un des livres que j'ai laissés, comme autant de jalons, sur mon chemin, j'y découvre, presque toujours, un mot, un trait, un propos tout vivifié, tout embelli, tout illuminé de musique. Pour certains blessés de Vie des martyrs *ou de* Civilisation, *pour le pauvre Salavin, pour le François Cros de la* Nuit d'Orage, *pour le jeune Rességuier de la* Pierre d'Horeb, *la musique est bien, qu'ils l'avouent ou non, l'un des grands mystères humains. Quand je contemple la plupart des êtres qui m'escortent dans mon voyage, je suis souvent tenté de m'écrier, avec Laurent Pasquier, mon frère: « C'est par la musique, porte d'azur, que nous sommes sortis de la vraie pauvreté,* celle de l'âme. C'est la musique souveraine qui nous a fait entrevoir les vraies dimensions de l'homme. »

Cette offrande infuse, éparse, elle n'était sûrement pas suffisante pour exaucer tout à fait une ferveur ancienne et persévérante. Pendant les douze ou quinze années qui viennent de s'écouler, j'ai composé maintes pages, non certes dans le dessein de gloser sur la musique et d'expliquer l'ineffable, mais dans l'espoir de m'expliquer moi-même, de m'assouvir, d'éclairer mes pas parmi cette ombre harmonieuse, dans l'espoir de trouver solution à certains problèmes que nous propose chaque jour le mystère musical. Et ce sont toutes ces pages, jetées naguère à l'aventure, que je rassemble maintenant.

Quant à mon titre, il a jailli tout seul du fond de ces saisons amères. Car la musique serait peut-être, dans ma vie, une chose moins haute et moins pure si, comme tant d'autres, je ne lui demandais que de me donner du plaisir.

I

JEAN-SÉBASTIEN BACH
ET
LE DÉBAT DE LA MUSIQUE PURE

Nous avons vécu tout l'hiver avec le *Magnificat*, le grand magnificat en ré, de Jean-Sébastien Bach. Je devrais peut-être écrire nous avons vécu du *Magnificat*, car nous en avons été nourris. Il nous semble maintenant que, sans lui, nous n'aurions pu subsister, nous n'aurions pu résister à l'offensive des tourments.

Pendant trois mois, la maison a retenti de cette musique exaltante. Tout le jour, avec les enfants, elle montait, comme un appel de ralliement, comme une prière, les degrés de l'escalier. On entendait, tout le jour, à travers planchers et murailles, une voix qui s'exerçait, avec ivresse, sur le verset hennissant du *« Deposuit potentes »*, pendant que, dans les profondeurs de la maison — qu'eût pensé Jean-Sébastien de ce contrepoint vertigineux ? — une autre voix, celle-ci juvénile et un peu rauque, évoluait sur le dessin ferme et fondamental du *« Quia fecit mihi magna »*. Par bonheur, le mercredi soir, tout le monde se réunissait autour des instrumentistes. L'ordre naissait et s'imposait à toutes les âmes. C'était une heure de communion véritable. Les timbales, au plus creux du monde, martelaient le *Gloria* tandis que, dans les altitudes, la trompette planait, pareille à un oiseau superbe.

J'ai lu, sur ces entrefaites, un bon travail publié par Gilbert Brangues dans *la Vie intellectuelle*, il y a quelques années. Le problème de l'expression en musique y est considéré avec beaucoup d'intelligence et l'auteur oppose, assez cruellement d'ailleurs, Duparc à Strawinsky, c'est-à-dire, d'une part, une conception « primitive et populaire » de la musique, — les mots sont de M. Brangues — et, d'autre part, la conception la plus savante et la plus raffinée qui se puisse trouver. « Aucun art, plus que la musique, dit Duparc, n'est propre à exprimer les grandes passions qui agitent l'âme humaine et qui sont les mêmes dans tous les temps et dans tous les pays, de quelque costume qu'on les revête... » Cité à comparaître par le jeune commentateur, Strawinsky répond avec vigueur : « Je considère la musique, par son essence, comme impuissante à exprimer quoi que ce soit : un sentiment, une attitude, un état psychologique, un phénomène de la nature, etc... L'*expression* n'a jamais été la propriété immanente de la musique. » Et encore ceci qui est d'importance : « Le phénomène de la musique nous est donné à seule fin d'instituer un ordre dans les choses, y compris et surtout un ordre entre l'homme et le temps. »

Je ne me permettrai pas de chicaner l'extraordinaire musicien sur le caractère étrangement finaliste de cette affirmation. Je crois comprendre, je comprends ce que M. Brangues appelle à propos de Strawinsky et de Jean-Sébastien Bach « l'appétit d'intemporel ». Un soir, aux Champs-Élysées, j'écoutais Toscanini diriger un beau concert d'orchestre. Le programme était composé d'œuvres qui, toutes, appartenaient à ce que l'on pourrait appeler la musique descriptive ou impressionniste. Bientôt saisi de lassitude et de langueur, je soupirais après dix mesures de Bach, après dix mesures, disais-je au fond de mon cœur, dix mesures d'une musique aussi dépourvue que possible de toute signification. Il me semble donc comprendre Strawinsky lorsqu'il déclare : « La construction faite, l'ordre atteint, tout est dit. Il serait vain d'y chercher ou d'en attendre autre chose. ». Et pourtant je ne crois pas que cette façon impérieuse et fièrement mathématicienne d'aborder un problème aussi confus, aussi mouvant, permette d'y découvrir une solution sereine et stable.

Au cours de cette méditation, j'ai repris les notes que j'avais rédigées naguère à propos de Jean-Sébastien Bach sur le problème de la musique pure. Elles peuvent, pour simples qu'elles soient, apporter dans le débat un peu de paisible lumière. Je vais les retranscrire ici.

*　*　*

Jean-Sébastien Bach est né en 1685 et mort en 1750. Il a donc vécu soixante-cinq ans, ce qui n'est point immodéré. Il a, surtout pendant sa jeunesse, fait de petits voyages pour chercher sa subsistance; il n'a jamais cessé de jouer et de composer de la musique pour le plaisir des princes, pour les nécessités du culte, pour l'amusement de ses concitoyens ou l'édification de ses élèves. Il s'est marié une première fois en 1707, à l'âge de vingt-deux ans. Veuf, en 1720, il s'est remarié l'année suivante. Il a, de sa première femme, obtenu sept enfants et treize de la seconde. Son œuvre est immense. On pourrait, plus justement, dire illimitée, car nous ne la connaissons pas tout entière et nous ne la connaîtrons jamais tout entière : on n'en a gravé qu'une petite partie du vivant de l'auteur; nombre de pièces ont été perdues. Certaines même ont été vendues à vil prix par un des fils du maître, Wilhelm-Friedmann, qui, sur la fin de sa vie, tomba dans la débauche.

Telle, cette œuvre comporte au moins trois cents cantates, plusieurs messes, des sanctus, des magnificat, des passions, des oratorios, des cantiques, des chorals et une profusion de musique instrumentale écrite pour le clavecin, pour l'orgue, pour presque tous les intruments de l'orchestre, seuls, concertants ou groupés en symphonie. Je résiste à l'énumération, malgré la délectation qu'y pourrait prendre un esprit reconnaissant et amoureux du souvenir. J'ajoute que

Bach a traité tous les genres musicaux, sauf le théâtre. Et, cela dit, nous en savons bien assez pour aborder l'objet véritable de notre entretien.

* * *

Il est possible — on l'a fait — de composer une vie romancée d'Attila, de Moïse ou de Tamerlan. L'absence de documents historiques n'est certes pas un obstacle aux entreprises de ce genre. Il doit être plaisant d'écrire une vie d'Adam ou de Minos. Comparaissent les plus habiles de nos virtuoses, je les mets au défi de soutenir, même en cinquante pages, l'intérêt du lecteur avec la vie romancée de Jean-Sébastien Bach.

La vie de Bach est celle d'un bourgeois besogneux. Rien de moins romanesque, rien de moins romantique aussi que cette pauvre existence laborieuse et bornée. Les grands événements y sont de misérables querelles d'école ou, mieux, de chapelle dans lesquelles Jean-Sébastien, père de la musique, fait figure de bonhomme obstiné, un tantinet querelleur et procédurier. Il ne craint pas les conflits avec ses supérieurs, le *rector* et le *corector* de la Thomas-Schule. Il écrit, comme tout le monde en ce temps-là, et comme tout le monde aujourd'hui, des lettres aux puissants du jour. Il compose des cantates sacrées pour les services du dimanche et des cantates profanes pour les sociétés d'étudiants qui sont en état de s'offrir ce petit luxe. Il se plaint — et c'est assez comique — parce que l'on meurt vraiment trop peu à Leipzig.

Il écrit textuellement : « Lorsqu'il y a plus d'enterrements que de coutume, le casuel augmente en proportion, mais l'air est très sain à Leipzig et l'année dernière le casuel des enterrements a été en déficit de cent thalers ». Qu'un bourgeois meure et ce sera peut-être, pour cet honnête *cantor*, l'origine d'une grande pensée musicale.

Le *cantor* est un professeur discuté, ses élèves se tiennent souvent mal. « La tenue et la discipline de sa classe étaient déplorables », écrit Julien Tiersot, l'un de ses biographes.

Il est d'une modestie parfaite et que nous avons même quelque raison de trouver non pas insincère mais absurde. Il dit : « J'ai travaillé avec application. Quiconque s'appliquera aussi bien que moi en fera autant ». Et si ce n'était naïf, ce serait intolérable. Il ne lègue pas ses manuscrits à des bibliothèques princières, qui peut-être en feraient fi : il les laisse jaunir au fond des tiroirs ou passer en des mains indignes.

Il jouit d'une foi sincère et l'exprime chaque jour avec magnificence. Et voilà certes la grande chose de cette existence obscure.

Ce surprenant génie n'a même pas le physique de l'emploi. Il ne montre pas à ses concitoyens le mufle léonin de Beethoven, et non plus le profil aquilin de Wagner et pas davantage le visage souffrant et pathétique de Schumann. Il a l'air de ce qu'il est, l'air d'un inoffensif bourgeois, un peu lourd et qu'on dirait — ô ironie ! — enfoncé dans la matière. C'est une leçon bien curieuse, car je plains les gens (et j'en ai connu plusieurs) qui ont l'aspect physique du génie sans en avoir la puissance.

Voilà donc l'homme, tout l'homme. Est-ce que, derrière ce masque paisible et pesant, nous pourrions, en cherchant mieux, découvrir des secrets terribles, des passions véhémentes et cachées, des vices bouleversants, des aventures mystérieuses ? Je ne le crois pas et nul de ceux qui ont étudié Bach ne semble le croire. Et voici posé devant nous un problème étrange : à quoi sert l'expérience des passions ? Qu'apporte et que signifie la connaissance personnelle des passions chez le musicien ?

* * *

Je comprends l'inhumaine précocité des mathématiciens. Pour construire un univers purement mathématique, il n'est pas nécessaire d'avoir vécu ; nul besoin, surtout, d'avoir souffert. Que Pascal enfant, enfermé dans une chambre, retrouve, seul, les premiers théorèmes de la géométrie, cela ne me surprend pas : une abeille ouvrière, cette bestiole misérable, asexuée, construit à la perfection l'alvéole hexagonal, merveille de géomérie.

Il m'est arrivé de comparer le génie des mathématiciens au génie des poètes et des musiciens. C'est, par excellence, un génie d'enfants ou d'adolescents ; c'est un génie matinal, printanier et qui peut se tarir de bonne heure. Cette comparaison, qui s'inspire des faits, n'explique pourtant rien. La vertu mathématique est une vertu presque inhumaine, puisque, du moins, elle est commune à l'homme et aux animaux. Mais le génie lyrique ! Mais l'inspiration musicale !

N'allez pas m'objecter que la musique est vertu des animaux. Je ne l'oublie pas. Le rossignol chante à la saison des amours. Il ne dit que ce qu'il sent, que ce qu'il sait. Vienne l'été, le rossignol s'arrête : il ne chantait pas en mars, il ne chante plus en juillet. Maître Adam Billaut, menuisier de Nevers et poète charmant, ne manque pas, dans son *Élégie à la princesse Marie*, de souligner la ressemblance entre le poète et le chanteur nocturne. Il dit :

> *Suivant du rossignol l'usage et les leçons,*
> *L'abord de mes petits a fini mes chansons.*

Ces analogies apparentes n'éclairent pas le fond du débat. Le rossignol parle à merveille de sentiments qu'il connaît. Le poète et le musicien parlent délicieusement, en leur jeune saison, de choses qu'ils ne connaissent pas, qu'ils ne peuvent connaître, qu'ils n'ont pas éprouvées.

Arthur Rimbaud, enfant, a composé sur la mer qu'il n'avait jamais vue, le plus beau poème qui se puisse lire sur un tel sujet, et même, à mon avis, l'un des plus beaux poèmes de la langue française.

Schubert est mort à trente et un ans, n'ayant eu que des amourettes. Malgré les inventions des « cinémistes », nous savons, historiquement, que

Schubert n'a jamais été marié, n'a jamais eu de maîtresse, n'a jamais eu, si l'on veut, une ample, profonde, émouvante expérience de l'amour. Or il a composé les plus beaux chants d'amour que le monde ait jamais entendus. Massenet a dit, avec une bonhomie brutale : « La vie de Schubert, si remplie d'amitié, est si pauvre d'amour que l'on cherche une femme autour de soi pour la lui mettre dans son lit. »

J'entends bien que l'on me dira : « Ces belles amours, il ne les a donc pas connues, mais il les a rêvées, et c'est encore plus beau. » Je m'arrête et propose un fait : *Marguerite au rouet* est l'œuvre d'un enfant de dix-sept ans. Je sais qu'un enfant de dix-sept ans peut imaginer tout l'amour. Or si je songe au cri de Marguerite : « Mais son baiser ! son baiser ! », si j'évoque l'angoisse de la jeune fille poussant encore, d'un mouvement égaré, la pédale du rouet, je suis bien obligé de reconnaître que l'expérience des passions est inutile à ces génies prodigieux qui savent tout, comprennent tout, et parviennent, par magie, à nous peindre des misères, des souffrances, des transports, des délices mêmes dont ils ont, nous semble-t-il, été miraculeusement exempts ou privés.

J'ai cité Rimbaud, j'ai cité Schubert. Je ne m'éloigne pas de Bach. J'y reviens sans autre détour. Le romantisme, chez Franz Schubert, engendre, à côté de la vie réelle, une vie seconde, une vie de rêve et cette vie suffit à nourrir de passion le miracle musical. Or l'amateur de romantisme ne trouve rien ou presque rien, vraiment, à glaner dans la vie de Jean-Sébastien. Les seuls cris de sonorité romantique, on ne les rencontre certes pas dans la vie de Bach, mais dans l'histoire anecdotique de la postérité. Rinberger, oyant un bourgeois de Leipzig qui semblait méconnaître le génie du *Cantor* défunt, se dresse et vocifère : « À la porte le chien ! » J'ai tout lieu de penser que cette exclamation héroïque eût sans doute effrayé le vieux maître. Il a pu jeter sa perruque à la tête d'un mauvais exécutant ; il n'a pas, j'en suis sûr, même dans cet accès de colère, prononcé la moindre parole sublime ou véhémente.

Bach a profondément ressenti les épreuves et les douleurs d'une vie pieuse, envahie par les soucis domestiques. Il semble bien que l'expérience des passions, il ne l'ait pas faite. Il semble que nombre d'épreuves morales ou sentimentales lui aient été, si j'ose dire, épargnées.

* * *

Et voici justement où je veux en venir. Jean-Sébastien, me dira-t-on, n'a pas connu certains mouvements, certaines aventures, certains désordres. Et donc, il n'a rien peint de tel.

Je réponds avec force : Jean-Sébastien Bach a tout peint. C'est le plus universel des musiciens.

Une telle proposition nous oblige d'ouvrir de nouveau le vieux débat de la musique pure.

L'œuvre de Jean-Sébastien contient une partie

considérable dont l'objet paraît évident, hors de discussion.

Les cantates profanes, le célèbre *capriccio* sont composés sur des thèmes bénins, souriants et même plaisants. Que notre imagination ne s'égare pas : il s'agit des vertus du café, d'une querelle entre *Phébus* et *Pan*, d'un changement survenu dans le gouvernement, dans la municipalité. C'est charmant et c'est défini. »

La musique religieuse semble non moins étroitement déterminée. Les paroles allemandes ou latines sont là pour guider notre méditation. Le sentiment religieux, chez Jean-Sébastien Bach, était, je l'ai dit, fort sincère. Je ne crois pas qu'il soit juste de chercher, derrière les paroles sacrées, quelque sublime déviation sentimentale. On ne saurait en dire autant de tous les musiciens, de tous les artistes. Chez Mozart, le musicien de théâtre montre souvent le bout de l'oreille. Il y a, dans le *Requiem* de Mozart, des pages délicieuses et que l'on dirait par mégarde tombées d'une partition profane : de *Don Juan* ou de *la Flûte enchantée*. Les peintres, peut-être parce qu'ils doivent chercher leurs modèles ici-bas, sont coutumiers, inconsciemment ou non, de ces enivrantes perfidies ; ils parent parfois la Vierge Marie de toutes les grâces d'une passion humaine. Pitié pour eux qui ne peuvent représenter le spirituel et le temporel qu'à travers les séductions de la matière !

Il me semblait vraiment aventureux de chercher quelque assouvissement profane dans la musique religieuse de Bach. Laissons à Dieu ce que Bach a créé pour Dieu. Nous avons, dans la musique pure de ce maître, une bien suffisante provision de mystère. Cette musique répond à tous les mouvements de l'esprit, à tous les élans du cœur, à tous les besoins de la fantaisie, du rêve, de l'amour, de la passion. Elle apporte, à tous les désirs, tantôt un aiguillon et tantôt un allégement. Elle est guerrière et pacifique, légendaire et raisonnable, caressante et chaste. Il n'est pas un état d'âme qui ne trouve, dans la connaissance d'une telle musique, une chance de s'illuminer, de s'exalter ou de s'assouvir délicieusement. Et quand on songe que cette musique, trésor mystérieux, troublant miroir, nous est offerte par un paisible bourgeois sans histoire, par ce gros homme à perruque, on est bien obligé de ranimer la querelle de la musique pure.

*　*　*

Dans un récit publié vers la fin de l'hiver 1934 et dont la musique est, si j'ose dire, le personnage principal, j'ai peint deux types de musiciens, ou mieux, deux amoureux de la musique. L'un, musicien professionnel, tenant de ce qu'on appelle la musique pure et que je voudrais appeler la musique absolue, s'exprime à ce sujet avec une véhémente netteté. Il dit, s'adressant à son ami Laurent : « Je t'ouvre la porte du temple et tu es encore assez godiche pour demander ce que la

musique veut dire ! Et que veut-elle dire, monsieur le nigaud ? Des bêtises, peut-être : *L'instant
où nous naissons est un pas vers la mort...* ou des
choses fameuses pour jeunes personnes sentimentales... *L'homme est un dieu tombé qui se souvient des cieux.* Pas possible ! Mais, Laurent,
quand elle te donne, ta mère, des petits pois et du
pain blanc, est-ce pour te dire que l'homme est
un dieu tombé ? Non, Laurent, non, c'est pour te
nourrir, pour faire la chair de ton corps et de ton
âme. » La musique, poursuit-il, « c'est la vue de
Dieu et c'est assez et c'est tout. Le grand Gœthe a
parlé de la musique, oui, tu sais... Il dit : *Des
hommes, vêtus de rouge qui se promènent sur les
marches d'un escalier.* Je te demande un peu... Ils
croient, les poètes, qu'ils peuvent raconter de
tout. Mais non, il n'y a qu'à se taire et à recevoir. »

L'interlocuteur de ce « musicien pur », le jeune
Laurent Pasquier, ne peut s'empêcher de protester en son cœur contre un sentiment si austère et,
pour tout dire, si étroit. « Que la musique, soupire-t-il, fût comparable à la nourriture céleste, je
le sentais bien ; mais étais-je vraiment sot et
impur parce que la musique me montrait, à moi,
Laurent, toutes sortes d'images vives, parce
qu'elle appelait tantôt une pensée, tantôt un vers
et tantôt une odeur, parce que, dans son vol, elle
rasait souvent la terre et s'y déchirait et s'y blessait
avec des cris ?... Était-il possible que cela ne signifiât vraiment rien de plus que la nourriture de

l'âme ? Je regardais par la fenêtre et j'apercevais un petit carré de ciel qui ressemblait à cette musique. Un nuage brillant, joufflu, avançait, navigateur, à travers cette page de ciel et, juste, la musique prenait la forme du nuage. Il y avait, de l'autre côté de la rue, une fenêtre énigmatique à laquelle se montrait, le soir, un pâle visage de femme souffrante. Entre ce visage toujours noyé sous la vitre et les élans du violon, se pouvait-il qu'il n'y eût vraiment aucune concordance cachée ? Et la fleur captive qu'on voyait sur l'extrême bord de la fenêtre, la fleur prête au bond suprême, prête au suicide, ne venait-elle pas à l'instant même de pleurer sous les doigts de Cécile ? »

Entre les deux sentiments exprimés avec une égale ferveur par ces deux âmes musiciennes si dissemblables, j'eusse aimé ne pas prendre parti si je ne m'étais pas trouvé mis en demeure et si même, si surtout je ne m'étais pas trahi. M. Paul Landormy, grand érudit et musicographe éminent, m'a fait l'honneur de lire, puis de commenter dans un article du *Temps*, des pages qu'il m'était arrivé d'écrire à propos d'une audition musicale et de ce que cette audition pouvait suggérer à l'auditoire. « La musique, écrit vigoureusement M. Paul Landormy, a le don de m'empêcher de penser à tout ce qui n'est point elle, quelle délivrance ! »

Délivrance ! C'est le mot même que Gœthe a trouvé pour parler de la poésie. Et je me permet-

trai bientôt de le reprendre à mon tour pour célébrer la musique.

Voilà donc, fortement exprimée, en peu de
mots, par M. Paul Landormy, la doctrine de la
musique absolue. Non seulement la musique
absolue ne doit rien évoquer à notre esprit ou à
nos sens ; mais elle doit même nous délivrer, nous
purger, nous précipiter dans une sorte de nirvana
sans mémoire. M. Paul Landormy ne s'en tient
d'ailleurs point là. Il considère que, même au
théâtre, le vrai musicien doit parvenir à purifier la
musique de tout son appareil sensible, ce qui
revient à dire qu'il doit écarter l'image de Tristan,
d'Isolde, la pensée même de l'amour pour goûter
des sons merveilleux, vierges de toute signification. On ne saurait aller plus loin. Je ne suis pas
insensible au sentiment exprimé par M. Landormy avec une si belle intransigeance. Il me
semble toutefois que la querelle, parvenue à ce
point, est bien près de se résoudre toute seule. La
musique nous donne ce que nous lui demandons.
Aux partisans de la pureté parfaite, elle apporte
l'oubli, présent admirable. Aux autres, elle
apporte le souvenir dans son infinie diversité.
Que cette diversité soit, en certains cas, contra-
diction, je le reconnais et même je le veux. Dans
un récit du temps de guerre, je raconte que deux
soldats blessés, animés de sentiments divers,
avaient été entendre des musiciens, leurs camarades, qui jouaient une sonate de Bach pour violon et piano. L'un de ces soldats trouvait l'adagio

douloureux et d'une majesté poignante, l'autre déclarait ne rien connaître de plus purement joyeux.

Est-ce à dire que la musique de Jean-Sébastien Bach, notre maître par excellence, est comparable à ces auberges d'Espagne où, selon le mot célèbre, on ne trouve que ce qu'on apporte ? Non, certes. Loin de moi une image aussi triviale. Mais que cette musique soit le suprême refuge de tous nos états d'âme, qu'elle forme l'accompagnement harmonieux de nos pensées, qu'elle soit mêlée chaque jour davantage à la vie de l'homme accompli, de l'homme chargé d'expérience et de souvenirs, voilà ce que je déclare avec force.

J'aime la musique pure de Jean-Sébastien Bach parce que, de toutes les musiques, c'est bien la plus généreusement offerte sans condition, sans règle et sans réserve. Elle est, pour moi, délivrée de toute servitude originelle. Son génial créateur me l'a donnée, généreusement, pour que j'en fasse la substance de ma vie, pour que j'en fasse ma vie même. L'enfant qui s'avance dans la forêt des aventures, en quête d'une proie, en quête d'un rêve, cet enfant adopte volontiers les rêves d'autrui. Il aime, il chérit, il vénère ceux qui lui prêtent leurs fantômes familiers. Il s'abandonne à Chopin, à Wagner et suit docilement les tyranniques passions de ces grands maîtres. Il écoute les *Nocturnes* et, tout naturellement, se sent dominé par quelque amour ténébreux et romantique, par quelque souhait d'amour et de mort. Il écoute les

Murmures de la Forêt et, tout aussitôt, il rêve d'héroïsme, de conquête, de voyage et de poésie. Son âme vacante adopte ce que lui proposent les grandes voix de ces maîtres.

L'homme mûr, au contraire, l'homme chargé de souvenirs et d'événements, demande un palais magnifique et béant où licence lui soit donnée d'installer ses propres rêves. Jean-Sébastien Bach ne m'impose rien — surtout par sa musique pure —. Il m'offre le palais où je peux, en paix, promener, endormir, exalter mes pensées, mes douleurs, mes joies, mes désirs.

C'est une chose étrange de voir, avec les années, les maîtres musiciens changer non pas de rang — je me refuse à une telle injustice et à une telle ingratitude — mais bien d'urgence et de nécessité. J'ai chéri Chopin vers la vingtième année. Il a, par la suite, reculé dans l'ombre. Je ne le dédaignais certes pas. Je l'honorais toujours. Il m'embarrassait un peu, je ne pouvais pas toujours le faire cohabiter avec mes propres sentiments, mes propres émotions. Il a fait, je l'avoue, un retour victorieux depuis que mes enfants, devenus des adolescents, puis des hommes, cherchent un guide et un oracle. Mais Bach, lui, n'a cessé de grandir en moi. Pensera-t-on qu'il a grandi parce que je me détachais petit à petit de la vie ? Que non pas ! C'est précisément tout le contraire. Il a grandi parce que, lourd de vie, d'émotions, d'humanité, je cherchais une musique vierge pour y déposer mon trésor.

Je disais tout à l'heure, non pour censurer le sublime détachement des partisans de la musique absolue, mais pour expliquer ce que la musique représente à mes yeux, je disais que la musique de Jean-Sébastien Bach était mêlée à toutes mes pensées, à tous les actes de ma vie, à mes résolutions mêmes. J'entends bien qu'elle est capable d'infléchir mes résolutions et de modifier mes actes. Il m'est arrivé souvent, dans des minutes d'amertume ou de découragement, d'appeler à moi Jean-Sébastien, de le prier, de l'invoquer, de lui demander assistance et courage. Que si cette confiance témoignée à la musique souveraine doit m'attirer le dédain de messieurs les absolutistes, j'en suis bien fâché, mais j'avoue quand même, oui, j'avoue que Jean-Sébastien m'a souvent redonné le courage et, sinon l'allégresse, du moins l'apaisement.

Je ne demande pas à la musique en général et à la musique de ce grand homme en particulier, je ne lui demande pas de me faire oublier la vie, je lui demande bien plutôt de m'aider à regarder la vie en face, de m'aider à comprendre la vie et de m'aider à aimer malgré tout cette vie.

Que la musique ait le pouvoir secret et parfois terrible d'éclairer nos états d'âme, cela ne fait nul doute, qu'elle ait le pouvoir angoissant d'en engendrer certains, c'est une troublante évidence. Je voudrais, ici, dans le dessein même de rassurer ceux qui me lisent, je voudrais parler, au moins furtivement, du rôle de la musique dans la naissance et l'évolution des pressentiments.

Parce qu'elle a, je le crois, la vertu non pas de nous arracher à notre vie mais de nous y ramener et de nous y intéresser jusqu'au vertige, la musique non seulement réveille en nous les souvenirs assoupis, mais semble parfois nous ouvrir de surprenantes échappées sur les abîmes de l'avenir. La musique aide en nous le jeu des pressentiments. Je dois dire que, cent fois, la musique a paru déchirer pour moi le voile du futur et je dois aussitôt ajouter que bien des fois elle ne m'a pas montré la vérité. En 1930, j'eus la chance de découvrir le beau cahier des *Cantates avec instruments obligés*. Il remplit, pour les miens et moi-même, tout un printemps, tout un été. Vers la fin de l'été, je me hasardai à jouer avec les miens la surprenante cantate «O holder Tag» et, dans cette cantate, la partie qui est écrite pour voix de soprano, hautbois d'amour, violon et clavecin (*Ruhet hie*, etc...). Cette musique vraiment déchirante me plongea dans une tristesse si profonde que j'eus la certitude, pendant plusieurs mois, qu'un malheur allait fondre sur les miens et sur moi. J'ai, par la suite, eu le temps de me rassurer un peu, mais je ne chante jamais cette cantate sans un véritable serrement de cœur.

En 1916, étant venu pour cinq jours en permission, je repartis aux armées emportant dans le fond de mon cœur l'inoubliable *Sérénade* que l'on trouve dans les *Chants et danses de la mort* de Moussorgsky.

J'étais, à la pensée de cette sérénade funèbre, persuadé que j'allais être tué bientôt. La mort m'a fait grâce ; mais la blessure ouverte par cette sérénade n'est pas encore cicatrisée.

Souvent, en revanche, la musique m'a puissamment aidé à comprendre et à modifier les événements de mon existence.

Plus que toute autre, à cet instant de ma vie où me voici parvenu, la musique du vieux cantor, la musique de Jean-Sébastien se charge de sens humain et contribue à m'éclairer ce monde confus dans lequel il me faut vivre. J'ai dit, non sans insistance, que la vie de Jean-Sébastien Bach semblait dénuée de toutes les passions, de toutes les idées, de tous les sentiments que nous logeons à plaisir dans son œuvre. C'est que, pareille à une cathédrale vide mais magistralement construite, cette œuvre répond par une vibration divine, par un écho sensible et puissant, à tous les mouvements de notre âme.

Tel est, je crois, le rôle souverain des artistes. J'ai souvent eu l'occasion d'y rêver, puisque je me suis essayé moi-même dans l'art difficile du langage. Il arrive souvent que des lecteurs me fassent l'honneur et l'amitié de me dire : « Vous ne pouvez pas savoir vous-même le sens profond de ce que vous avez dit à tel endroit de tel de vos livres. » Cette confidence singulière ne me fait pas sourire. Il se peut que certaines de mes pein-

tures éveillent, dans une âme choisie, des réso-
nances inouïes que je n'ai pas imaginées jusqu'ici,
que je n'imaginerai peut-être jamais. Les gens qui
me font l'amitié de rêver à propos de mes ouvrages
placent sur mon nom, sur ma tête, sur ma personne un capital magnifique de vertus, de désirs et
de rêve. Ce capital demeure leur bien. Je n'ose pas
avouer que j'en suis souvent indigne. Je pense, plus
justement, que je suis le prétexte d'un sentiment
qui parfois me contourne et parfois me dépasse.

Je reviens à Jean-Sébastien Bach pour déclarer
avec vigueur que ce musicien, le plus grand de
tous à mes yeux, a doté l'humanité de prétextes si
beaux, si variés, si riches que nous n'avons pas à
craindre, en y versant notre âme, de faire débor-
der jamais des vases aussi magnifiques.

Il semble, par surcroît, avoir songé libérale-
ment à tous ceux qui servent la musique. À
moins que vous n'ayez orienté votre effort personnel vers des instruments disgracieux, sachez
que Jean-Sébastien Bach a composé quelque
chose pour vous. Son œuvre est d'une telle
richesse que tous les instrumentistes y peuvent
découvrir quelque page qui leur est expressément
destinée. Que si vous ne jouez d'aucun instrument, vous avez une voix dont il faut apprendre à
vous servir pour votre plus grande félicité.
L'œuvre de Bach vous est alors une réserve illimitée, presque fabuleuse. Il a, je vous le dis, composé quelque chose pour chacun de vous, si vous
êtes seul, et pour vous tous s'il vous prend fantai-

sie de vous réunir et de célébrer en chœur le monde et la grandeur de vivre.

Car la musique est, avant tout, donnée à l'homme pour louer et célébrer. Une fois encore j'en demande pardon aux absolutistes, aux partisans de la musique déshumanisée. La musique nous est donnée pour faire nos actions de grâces, pour nous exalter dans l'éloge et le remerciement. Un de mes chers amis, le peintre Geoffroy-Dechaume, qui voyageait alors en Angleterre, ayant appris qu'il venait d'avoir une petite fille — c'était le dixième enfant d'une belle et gracieuse couvée — reprit en hâte le chemin du retour. Il arriva chez lui au milieu de la nuit et d'abord salua sa femme, puis toute la famille réunie entonna joyeusement un choral de Jean-Sébastien Bach, un choral que, depuis, tous les amis de cette douce famille appellent, en évoquant la petite fille, le choral de Sylvie. [1]

Pure ou impure, voilà pour moi la vraie musique dans sa parfaite et resplendissante vertu.

Un jour que je lui rendais visite et qu'il me voyait soucieux, attristé, au bord même de la douleur et du désespoir, ce même ami dont je viens de parler s'écria soudain :

« Duhamel est triste ! Eh bien nous allons lui chanter notre nouveau Bach. » C'était la cantate [2]

---

1. Lire à ce sujet *Inventaire de l'abîme*, p. 17-18. Il s'agit du choral « Dir, dir, Jehova ! »
2. Il s'agit en fait d'un air de la cantate BWV 208.

Schafe können sicher weiden, etc... (les moutons peuvent paître en sécurité là où il y a un bon berger). Toute la famille l'entonna, pour moi, et je dois avouer que je me sentis soulagé, presque guéri.

Tel est vraiment le pouvoir de la musique souveraine.

II

LE MAGE DE MA JEUNESSE

Ma première rencontre avec le mage, elle se fit non pas dans une ténébreuse caverne et non pas davantage à la cime des montagnes, au milieu des vapeurs sulfureuses de l'orage, mais par un radieux jour d'été, dans un jardin qui n'était pas celui des filles-fleurs, encore que les belles filles n'en fussent vraiment pas absentes.

C'était au Luxembourg, vers quatre heures de la soirée, au mois de mai ou de juin de l'année 1901, la première année du siècle nouveau. J'étais encore écolier. J'aimais de me promener, le jeudi, autour du kiosque à musique, pendant qu'un orchestre militaire s'évertuait dans l'ombre tiède. Ce jour-là, j'étais seul, merveilleusement seul, esprit libre et cœur vacant, prêt pour recevoir un message. D'une oreille distraite et paisible, je prenais quelque plaisir au jeu des cuivres et des clarinettes et, soudain, j'eus le sentiment qu'il se passait, dans l'univers des sons, quelque chose de tout à fait extraordinaire. L'orchestre, après une pause, venait de se reprendre à jouer et ce qu'il jouait ne ressemblait à rien de ce que j'avais entendu jusque-là. Ce n'était pas ce rythme régulier, ce rythme de danse qui saisit l'âme et la berce ou l'exalte par la répétition savante de l'essor et de la cadence. C'était plutôt un discours ou plus justement encore un récit fait de pensées musicales assemblées entre elles, comme le sont les mouvements intimes de l'être vivant, avec des arrêts, des reprises, des changements continuels de mesure et de mouvement, des sautes de ton et, si j'ose dire, de lumière, avec de longues lamentations, des dialogues, des querelles, des raisonnements sans fin, des résolutions héroïques, des tempêtes et des apaisements, quelque chose enfin qui bouleversait la très naïve idée que je me faisais alors de l'art musical.

Je fus d'abord étonné, puis troublé, puis vite conquis. Je marchais parmi la foule oisive, l'oreille tendue, contenant les battements de mon cœur pour me recueillir et ne rien perdre de ce grand baptême sonore. Quand l'orchestre s'arrêta, j'allai consulter le programme et je lus que je venais d'entendre un fragment de *la Walkyrie*, exactement la fin du dernier acte.

J'avais alors un goût vif et très naturel pour la musique ; mais je n'avais pas eu la chance d'une éducation musicale, même élémentaire. — C'est plus tard, beaucoup plus tard, pendant la guerre, comme je le dirai bientôt, que j'appris à lire couramment la musique et à jouer d'un instrument, à l'âge de trente-deux ans. — J'avais aussi un ami qui jouait honnêtement du piano et m'introduisait de bon cœur, pendant nos moments de loisir, à la connaissance des classiques. De Wagner, j'avais entendu quelques morceaux célèbres et qu'on ne peut dire exemplaires. Ce qui me fut, ce jour-là, révélé par le modeste orchestre des soldats, dans le jardin du Luxembourg, ce fut la véritable voix du mage qui devait, pendant bien des années, régenter mes goûts, colorer mes pensées, animer mes plaisirs et donner à mon univers des lois secrètes, une lumière, une atmosphère, une harmonie.

Un enfant curieux d'une œuvre musicale a, de nos jours, mille façons de s'assouvir et même de se cultiver. S'il ne peut voyager, s'il ne peut même aller à l'Opéra, du moins peut-il, à Paris, fréquenter les salles de concerts qui sont maintenant nombreuses. Il peut, enfin et surtout, demander au disque et à la radio des satisfactions mineures, mais répétées et dont je veux bien reconnaître que, sagement cherchées et reçues, elles ne sont pas dépourvues de toute valeur instructive.

La radio, en 1901, ne tenait aucune place dans les préoccupations des musiciens amateurs. Quant au disque, c'était encore un article de petite consommation. Je me souviens qu'il existait, sur les boulevards, des maisons assez semblables à des bars automatiques dans lesquelles on pouvait, pour une somme fort modeste, et au moyen d'écouteurs, se faire verser au creux de l'oreille tel ou tel air de son choix. J'y suis allé quatre ou cinq fois, en ce temps de ma jeunesse, pour consulter l'ébonite, comme on consulte un dictionnaire, quand il m'arrivait, au cours d'un vagabondage avec un ami mélomane, d'hésiter au sujet d'un thème, d'un timbre ou d'un *tempo*. Non, je peux le dire aujourd'hui, la musique mécanique ne me fut d'aucun secours, et pour cause, dans la formation de mon goût et dans ma naissante passion pour l'œuvre de Richard Wagner.

J'en étais encore à me rappeler ma promenade au Luxembourg et la vive émotion qu'avait soulevée en moi cette audition — un peu sommaire — du troisième acte de *la Walkyrie*, quand je fis la connaissance d'un grand garçon, étudiant et mélomane enragé, qui s'appelait Schuller et qui professait, pour Wagner, un culte exclusif et sauvage.

Schuller habitait, dans une ruelle du vieux Quartier Latin, une chambre étroite et encombrée, pourvue d'un piano de location. Presque tout le jour, assis devant cet instrument martyr, il lisait les œuvres du maître. Il avait de grandes mains osseuses, dénuées de souplesse mais non de vigueur ; il était soulevé par une flamme religieuse et je me sentis bientôt enchaîné à sa caisse de palissandre. Nous passions de longues heures à déchiffrer, scène après scène, acte après acte, les lourdes partitions du répertoire wagnérien. Je dis « nous » parce que j'avais le sentiment sincère de n'être pas inactif, de participer, par mon attention extrême et souvent haletante, à ces espèces d'orgies rituelles. Je pense encore aujourd'hui que celui qui ne connaîtrait Wagner que par les bonnes exécutions des grands concerts et des théâtres aurait manqué sans aucun doute une des phases de l'initiation, la plus importante peut-être. Délivrés des voisins, délivrés des contingences du théâtre, délivrés même du spectacle et de ses choquantes précisions, nous vivions, là, dans une intimité magique avec cette musique étonnante et les seules figures de nos rêves. Rien ne pouvait nous blesser, rien n'entravait notre élan. Le texte des partitions était le texte original, en langue allemande. Nous ne le comprenions pas fort bien, mais, au moins, nous étions francs des traductions françaises et de leur sottise ampoulée. Le jeune Siegfried, Tristan à la poitrine ensanglantée, Parsifal en robe de lin blanc, les filles du Rhin, les dieux de la nuée, les noirs démons des profondeurs, tous ces êtres avec qui, pendant une part de ma vie, j'ai vécu, chanté, querellé, je ne les ai jamais mieux vus que dans cette chambre médiocre dont le papier de tenture, avec ses fleurettes et ses bandes, nous montrait, au gré de nos songes, des palais, des jardins, des vaisseaux, des forêts, le vrai décor naturel, le seul décor qui convienne à la légende wagnérienne.

Quand Schuller jugea mon instruction suffisante, il commença de m'entraîner au Châtelet, le dimanche après-midi. Nous allions au paradis et nous avions parfois la chance d'attraper le premier rang. Serrés l'un contre l'autre, la partition sur nos genoux, un fil de salive entre nos lèvres écartées, nous attendions, sans patience, le moment où notre maître d'élection devait se manifester dans le temple. J'éprouvais là des joies qui n'étaient assurément pas plus vives ni plus pures que dans la chambre meublée de mon initiateur ordinaire, mais que je sentais plus savantes, plus purement musicales.

Environ ce temps, je fis la connaissance d'Albert Doyen, musicien de grand mérite, maître de chapelle et compositeur, qui fut mon ami pendant trente ans et qui est mort en 1935, laissant une œuvre belle et vraiment respectable. Doyen n'était certes pas éclectique : il avait des goûts précis, enflammés, parfois injustes. Il aimait Wagner et le connaissait à merveille. Du piano, il faisait un usage intelligent et extraordinairement suggestif. Comme tous les wagnériens, il chantait, pour traduire et exalter sa passion. Car nous chantons tous, dès que nous pensons à Wagner ; nous voulons citer les thèmes, signaler les modulations, faire sentir les timbres, indiquer non seulement les soli, mais aussi les ensembles. Tout amateur de Wagner est, avec le secours de son larynx, de son nez, de ses lèvres, et de ses gestes, hautboïste, corniste, trompette et timbalier. Doyen possédait une voix faible, ombrée, légèrement zézayante et trémulante. Cela ne l'empêchait pas de chanter le rôle d'Isolde, celui du roi Mark et celui de Tristan. Il avait une grande prédilection pour les chœurs et passait d'une partie à l'autre avec tant de chaleur et de conviction que nous avions le sentiment de les percevoir toutes ensemble. Parfois, Rachel, sa femme, faisait entendre son contralto pathétique. Nous étions transportés, nous succombions à l'enchantement. Le Walhalla nous devenait une réalité sensible et non, comme au théâtre, un artifice de toile et de carton. Je murmurais, à chaque entr'acte : « Qu'allons-nous prendre, qu'allons-nous jouer maintenant ? » Ce « nous », pour ingénu qu'il fût, — j'y reviens — ne surprendra personne. J'avais, dès cette époque, une haute idée de ce que l'on pourrait appeler le rôle éminent du public. Je sentais bien que l'homme de génie invite à sa table ceux qu'il veut ensorceler et qu'il leur donne toujours le sentiment délicieux de participer à l'œuvre, d'être non seulement spectateurs, mais acteurs, dans la création d'un monde.

Wagner fut très sourcilleux pour tout ce qui concernait la représentation de ses ouvrages. Nous savons qu'il n'entendait rien abandonner au hasard, qu'il avait réglé lui-même les moindres détails des costumes, les moindres artifices de la machinerie. Je suis pourtant bien sûr qu'il était avec nous, parmi nous, pendant ces messes musicales. Son ombre, loin de nous renier, ne pouvait que nous chérir, nous assister, nous inspirer même ; car nous étions prodigieusement délivrés de tout appareil terrestre. La pureté de notre ferveur nous composait un univers au prix duquel tout théâtre n'est qu'édifice de baudruche.

* * *

J'ai dit le mage, et non le magicien, non seulement pour parler comme Corneille et les vieux poètes, mais encore et surtout pour prendre le mot le plus fort, pour montrer non le sorcier, non pas l'obscur nécromant, mais bien le prêtre et le roi, le maître d'un nouveau culte. Sir James-George Frazer, qui a si parfaitement étudié les rapports de la religion et de la magie, a composé tout un ouvrage sur ce qu'il appelle *Les Origines magiques de la Royauté.* Ce Wagner, avec ses philtres, ses incantations, ses devins, ses serments, ses pactes, ses prédictions, ses charmes, c'est parce qu'il a fait la magie pour une ou plusieurs générations de l'humanité qu'il a pris rang parmi les rois de la pensée et de l'art.

Les secrets de cette magie, il est sans doute malaisé, peut-être même impertinent, peut-être même sacrilège d'en tenter une analyse. Au principe de cette magie, il est sans doute des éléments irréductibles à l'étude. Wagner semble ne pas faire, des sons, un usage comparable à celui qu'en font les autres musiciens. Vais-je le dire ? Oserai-je le dire ? Wagner, ce n'est pas la musique. Spirituellement et physiologiquement, c'est autre chose que la musique véritable. C'est une sorte d'alchimie fort mystérieuse. Je comprends le cri de ma femme quand, dès nos commencements, je lui fis enten-

dre un opéra de Wagner : « Oh ! me dit-elle, le
beau bruit ! » C'est, en effet, selon les cas, plus
proche des bruits naturels, des grandes voix de la
nature que de la voix et de la raison humaines.

Si l'œuvre wagnérienne exerce sur la jeunesse
une très puissante influence, il n'en faut pas douter, c'est qu'elle donne, à tout instant, le sentiment de la grandeur. Ce qui, chez d'autres, paraî-
trait comme autant de défauts et de vices, est,
chez Wagner, élément et condition du triomphe.
On irrite les wagnériens quand on leur parle des
longueurs qui marquent tous les ouvrages et
même presque toutes les scènes de ces drames
étonnants. Or la longueur qui, chez d'autres
musiciens, nous semblerait intolérable, la longueur est acceptée, chez Wagner, comme un des
principes mêmes de notre béatitude. La longueur
est nécessaire pour plonger les fidèles dans cette
sorte d'hypnose — je ne dis pas de somnolence
— à la faveur de laquelle le très habile magicien
nous administre ses poisons.

Mais, à côté de ces vertus qui semblent échap-
per à l'analyse, l'œuvre wagnérienne en possède
un certain nombre d'autres dont les ressorts sont
moins énigmatiques. Il ne faut pas méconnaître
l'influence exercée sur les jeunes intelligences par
ce que les commentateurs du maître appellent
pompeusement la thématologie wagnérienne.

La composition musicale a toujours reposé sur
l'existence de thèmes ou sujets musicaux, lesquels thèmes sont présentés, développés, altérés,

modifiés, abandonnés, repris selon la marche même de la pensée créatrice. On comprend fort bien que le thème, assurant le mouvement de la pensée ou lui servant, pour mieux dire, de véhicule, ait reçu, de tout temps, en musique aussi bien qu'en peinture, aussi bien qu'en littérature, le nom très juste de motif. Mais que Wagner apparaisse, et le mot motif devient aussitôt son affaire, son bien, sa propriété personnelle. Il semble aussitôt qu'avant lui le motif n'ait pas existé, du moins qu'il n'ait eu ni son sens, ni son pouvoir véritables. Le motif devient l'essence même de la fonction créatrice. Sous le nom de leit-motiv ou motif conducteur, il se présente comme la clef innombrable et multiforme de l'œuvre.

La pure délectation sonore ne suffit pas aux jeunes âmes ; il leur faut trouver en tout une justification intellectuelle : le maître doit séduire leur esprit en même temps qu'il charme leurs sens. Je peux bien avouer aujourd'hui que tout cet appareil de logique sonore n'a pas peu contribué, jadis, à mon envoûtement.

Que la pitié conduise la femme à l'amour, c'est, dans l'ordre psychologique, une vérité presque banale. Un poète qui la voudrait rajeunir devrait y consacrer des trésors d'invention neuve. Mais, dans l'ordre musical, c'est quelque chose de très original et de très émouvant. Les mots n'interviennent même pas. La comparaison de Sieglinde, avec ses ondes successives, commence de s'insinuer en nous et, soudain, par un enchaînement mélodique insensible, naturel, irrésistible et délicieux, le thème de la compassion s'enchaîne au thème de l'amour. Les deux thèmes sont très beaux, mais, pour une jeune intelligence le plaisir de l'ouïe est, si j'ose dire, décuplé par le plaisir de comprendre. La jouissance intellectuelle s'ajoute à celle de l'oreille.

Le fait que chaque personnage a sa musique personnelle, ses sonorités, ses timbres favoris, voilà qui nous facilite l'accès de cet univers si touffu, si ténébreux, à la première apparence. Mais ces thèmes ne sont pas inertes. Ils vivent, ils se transforment. Quel sujet d'émerveillement pour l'esprit du jeune auditeur ! Le nain Mime, le Niebelung, a son thème, comme tous les autres personnages du drame, il va sans dire. Mais que de belles découvertes pour l'auditeur avide et enthousiaste ! Mime est petit, presque rampant : son thème se joue sur les notes d'une tierce. Mime est forgeron : son thème imite à la perfection le bruit des marteaux tintant sur l'enclume. N'est-ce pas vraiment admirable ? Et ce n'est quand même pas tout. Mime est boiteux : le thème boite, sautille, sautèle, cloche et traîne la patte. Enfin Mime est un personnage de caractère subtil, perfide, félon, trompeur : le thème est, comme le démon, fertile en transformations, mobile, changeant, insaisissable. Quelle chance de belles découvertes pour le néophyte enflammé !

On nous dit, on nous apprend et nous comprenons vite que le « thème du Rhin » sort, par vagues successives, du mi bémol primitif, du pur son élémentaire. Mais quand nous venons à découvrir, avec ou sans la sollicitude des commentateurs, que ce thème du Rhin va naturellement engendrer celui de « l'or », celui des « ondines », celui de « l'épée », celui du « tonnerre », nous sommes gagnés, éblouis, conquis par une si pressante logique. Et quand, plus tard, nous sentirons que le thème dit du « déclin des dieux » sort de toute évidence du Rhin, comme tous les autres, nous sommes à la fois saisis par la beauté grandiose de cette construction musicale et, je le dis sans raillerie, par l'étonnant mérite de notre propre intelligence qui nous permet de saisir tant de choses si merveilleuses.

Il faut bien le reconnaître, l'idéologie wagnérienne joue un rôle considérable dans le succès de l'enchanteur. Partout, la légende est confuse, entortillée, embrouillée comme à plaisir, riche en épisodes rameux qui supposent des retours continuels, des compléments d'explication, des commentaires inextricables. Tout cela devrait décourager le néophyte. Mais chacun de ces drames, plus obscurs que la plus enchevêtrée des querelles de famille, repose toujours sur un symbole très simple dont l'entrevision plonge tout converti dans une vraie béatitude : la richesse fera toujours le malheur du monde ; l'avenir est aux cœurs purs ; aucune vertu ne tient devant la passion d'amour ; les femmes sont incapables de dominer leur curiosité ; le génie vit et prospère en dehors des règles, etc...

N'allez pas croire, à me lire, que je juge élémentaire la symbolique wagnérienne et qu'ainsi
donc je la renie, après tant d'années de ferveur.
Non pas : l'idéologie wagnérienne est très puissante et très belle, justement parce que, malgré la
complexité des apparences, elle est, en somme,
très simple. Les germanistes délicats peuvent
nous expliquer que Wagner, en tant qu'écrivain,
est peu lisible ; cela n'a guère d'importance.
Wagner est un grand poète parce qu'il est un
grand créateur de mythes et de légendes, parce
qu'il a donné, à certaines vérités éternelles, une
forme définitive, l'impulsion de la vie.

*   *   *

Cette passion d'idéologie, elle fut, dès l'origine,
soigneusement cultivée par nombre de magisters.
Devenu familier des salles de concert, puis des
étages supérieurs de notre opéra national, je commençais de naviguer dans la société des purs et je
rencontrais les docteurs de la foi. Les plus confir-
més d'entre eux me conseillèrent des lectures.
J'achetai force livres que j'ai presque tous oubliés
ou perdus au long de ma vie. L'un, pourtant, a
laissé des traces dans mon souvenir. Il était d'un
spécialiste éminent nommé Louis-Pilate de Brinn-
gaubast. — J'écris ce nom de mémoire et il est, ma
foi, possible que j'en estropie l'orthographe —.
C'était un ouvrage considérable, in-octavo pour
le moins et fort compact. L'œuvre du maître y
était non seulement commentée, louée, célébrée,

mais elle y était défendue contre tous les adversaires possibles et imaginables du passé, du présent et de l'avenir. L'auteur n'abordait pas un seul
des chapitres de son étude sans provoquer le
monde entier et l'accabler de sarcasmes. Voulait-
on, oui ou non, un art lyrique neuf et génial ? Si
l'on n'en voulait pas, il valait mieux le dire tout de
suite. Et si l'on en voulait, il fallait passer, sans
murmurer, par toutes les exigences du nouveau
dieu de la musique.

Je l'avoue de bon cœur aujourd'hui, cette arro-
gance me charmait. Je lisais aussi M. Lavignac.
J'en savais par cœur, comme tout le monde en ce
temps-là, l'étonnante phrase liminaire : « On va à
Bayreuth, comme on veut, à pied, à cheval, en
voiture, à bicyclette, en chemin de fer, et le vrai
pèlerin devrait y aller à genoux. »

Ces lectures incandescentes me transformaient,
petit à petit, de jeune clerc en apôtre et, fort de
ma foi, fort de mon savoir tout neuf, je commen-
çai de recruter et d'instruire des catéchumènes.
l'un d'entre eux m'amusait fort, tout en me don-
nant beaucoup de soins. C'était un médecin de
mes amis, sincèrement désireux de se cultiver
dans les arts et les lettres, et plus intelligent que
sensible. Il n'avait aucune mémoire musicale ce
qui, pour un wagnérien, est une disposition
fâcheuse, car le wagnérien digne de ce titre doit
se montrer capable, à la première injonction, de
chanter le thème passablement polyphonique de
« l'enthousiasme de l'amour » ou celui de

« l'infortune des Wœlsung » qu'il ne faut pas confondre avec celui de « l'héroïsme des Wœlsung » et pas davantage avec celui de la « race des Wœlsung ».

Mon ami le converti, le médecin néo-wagnérien, m'emmenait de temps en temps à l'Opéra. Il m'y offrait un fauteuil, à charge pour moi de l'éclairer sur la marche du drame et l'enchaînement des péripéties. Il percevait parfois, à la surface du flot harmonieux, un thème flottant comme une épave. Il se penchait alors à mon oreille et disait : « Ce thème-là, c'est le thème de quoi ? » Je répondais, à voix basse, laconiquement : « Annonce de la mort ». Il secouait la tête d'un air entendu, cependant qu'autour de nous les amateurs perturbés nous imposaient silence par des « chut » bien plus bruyants que notre bref dialogue.

Il m'arrive encore parfois, au théâtre et au concert, pendant que l'on joue Wagner, d'apercevoir un spectateur ou un auditeur qui se tourne vers son voisin et lui dit un mot à la hâte. Je pourrais presque affirmer que ce mot est toujours le même ; c'est l'éternelle question du disciple égaré : « Qu'est-ce que c'est que ce thème-là ? » Et je me sens plein d'indulgence pour ces gens qui veulent comprendre.

*   *   *

J'aurais volontiers fait le pèlerinage d'art à Bayreuth, sinon sur les genoux, du moins sur mes jambes, car, en ce temps de ma vie, je commençais à parcourir l'Europe centrale, canne à la main et sac au dos. Pour des raisons qu'il est bien inutile de noter dans mon récit, je choisis d'aller à Berlin. J'y passai la fin de l'été et le début de l'automne, l'an 1907. L'Opéra de Berlin donnait, trois fois par semaine, des représentations wagnériennes. Elles étaient excellentes et j'y pris beaucoup de plaisir. Les acteurs, formés dans la plus pure tradition de Wagner, chantaient et jouaient de telle façon qu'ils me ravirent. Je me rappelle une dame Hertzog qui prêtait à Isolde une figure délicieuse. Venu le moment de la mort, elle tombait, comme il est d'usage, sur le corps de son amant. Elle avait une immense chevelure blonde, sans doute postiche, mais admirablement instruite, qui se déroulait lentement pendant les dernières mesures de cette scène si poignante et qui s'arrêtait juste entre les lumières de la rampe, avec la vibration du point d'orgue final.

J'ai souvent raconté ce prodige de l'art et de la mise en scène et il est possible que les clartés du souvenir, l'amour de la perfection et je ne sais quelle imagination naturelle aient quelque peu collaboré à ce merveilleux synchronisme. N'importe ! C'est si parfaitement beau dans mon album d'images que je ne mets plus en doute ni l'exactitude du fait, ni sa possibilité. Seul notre rêve est réel, seul il est digne de s'inscrire dans l'histoire et d'y demeurer à jamais.

Wagner était alors si profondément mêlé à tous les actes et à toutes les pensées de ma vie qu'il était comme un secret entre mes amis et moi-même. Il m'arrivait quelquefois de chantonner un thème illustre en présence d'une personne inconnue ou peu connue de moi ; si cette personne ne dressait pas même l'oreille, je la considérais froidement, comme une étrangère, et pis encore comme une envoyée du monde barbare. Un soir, sur l'impériale de l'omnibus, je me pris à siffler un thème de notre grand mage. La nuit était pure, calme, relativement silencieuse. À l'autre bout de l'impériale, un sifflet me répondit, note pour note, accent pour accent. J'en eus le cœur inondé de joie. il me parut que l'avenir du monde était assuré, que nous allions certainement vers le règne de la concorde et de l'harmonie.

Vint le temps de mon mariage et Wagner nous fournit naturellement toute la musique de scène. Nous avions des thèmes pour le réveil, pour la nuit, pour les repas, pour le travail. Ma femme, alors pensionnaire d'André Antoine, jouait au théâtre de l'Odéon. Il m'arrivait d'aller la chercher, le soir, à la fin du spectacle. Quand il était trop tard pour que j'eusse le temps de monter jusqu'à la loge, je m'adossais, dans la petite rue de Rotrou, à la boutique du libraire, et je sifflais à perdre haleine un thème ineffable du troisième acte de *Siegfried*, thème que les commentateurs français définissent assez mal et que j'ai trouvé mentionné dans les répertoires allemands sous le nom providentiel et parfaitement justifié de *Weib-motiv*.

Un jour, je vis annoncé certain concert de la salle Gaveau que devait diriger Siegfried Wagner en personne. Je fis le voyage de la rive droite. La salle était fort pleine et ce ne fut pas sans mal que je trouvai une place. Siegfried Wagner parut. C'était un homme de taille ordinaire, au visage blême et quelque peu empâté. De temps en temps, il tournait la tête, pour les besoins de son office, et, l'instant d'un éclair, on apercevait le profil d'aigle du mage. Je répète, l'espace d'un éclair, et tout s'effaçait aussitôt. La première partie du concert était consacrée aux œuvres de M. Siegfried. Elle reçut un accueil poli, mais presque glacial. Puis vint la seconde partie qui se trouvait ne comporter que des œuvres de l'enchanteur, de Wagner, le grand, le vrai. Ce fut, dès le premier morceau, le tumulte du triomphe. Je dois avouer que Siegfried dirigeait honorablement l'exécution des ouvrages de Monsieur son père. Toutefois, entre les deux moitiés du concert, le changement de climat était si brusque et si cruel qu'on ne pouvait sans souffrir imaginer les pensées de ce fils écrasé pour jamais sous cette gloire paternelle sans laquelle il n'était rien et qui devait, à de telles heures, lui devenir intolérable. C'est pendant ce concert que je découvris le sujet d'un de mes rares ouvrage dramatiques, *Dans l'ombre des Statues*, représenté par Antoine, à l'Odéon, en 1912. Je ne rapporte ce fait que pour montrer comment Wagner se trouvait mêlé non seulement à mes pensées, mais à mes travaux aussi. Je n'en rougis certes pas. C'était pour les gens de mon âge, une nourriture magnifique et je plains les jeunes artistes qui, faute de sens musical, n'en ont pas tiré subsistance.

[La guerre de 1914 vint et je partis aux armées avec, pour viatique, toutes mes musiques préférées. Wagner n'était certes pas le seul; mais il était, dans ma réserve, bien vivace et pour moi fidèle. Des doctrinaires, pendant ces années interminables, firent leur possible pour nous expliquer, avec documents à l'appui, que Wagner, chantre de la puissance germanique, chantre de la force brutale, de la race et de l'instinct, armait nos ennemis, servait parmi nos ennemis, représentait, pour nous, le parangon de l'ennemi.

La seule chose qui compte à mon regard, la seule chose que je peux affirmer parce qu'elle fait pour moi l'objet d'une certitude intérieure, c'est que, toute cette guerre durant, il m'a été impossible d'éprouver de la haine pour les Allemands, nos adversaires, et que cette immunité vis-à-vis d'un sentiment humiliant, je la dois à Beethoven, à Wagner, à Bach et à quelques autres qui sont comme le grand Louis Pasteur, comme Descartes ou comme Rodin, conquis au monde entier par l'amour du monde entier[1].]

J'ai parlé de ma jeunesse et cela pourrait laisser croire que, si Wagner fut le mage de mon jeune

---

1. Fragment inédit supprimé par la censure allemande lors de l'édition de 1944.

temps, oui je dis bien, oui, je répète, celui qui fait la magie, célèbre le culte et gouverne, cela pourrait laisser croire, dis-je, que ce Wagner-là n'est plus le mage de mon âge mûr.

Les choses ne sont pas aussi simples. C'est vrai, j'ai mûri, j'ai vieilli. Mon esprit s'est embarqué pour de bien autres voyages. Si je m'interroge avec loyauté, force m'est de reconnaître que je regarde aujourd'hui, le plus souvent, vers un autre point du ciel, vers de nouvelles constellations. La musique dont j'ai besoin maintenant, c'est sans aucun doute une musique moins magique, plus pure, plus céleste, plus détachée assurément des prestiges de l'intelligence. Je me plais plus souvent à Bach ou à Mozart qu'au Wagner de mon jeune temps. Il me faut, aujourd'hui, non cette imagination possédée et luxuriante, mais de nobles et spacieux temples, purgés d'idéologie et de symboles, de grands vaisseaux où je verse ce qui me plaît, ce qui convient désormais à une âme qui doit regarder sereinement vers son déclin et sa mort, peut-être vers sa renaissance. J'aime aujourd'hui, plus que toute autre, la musique sans objet précis. Je ne dis pas que je ne m'aventure jamais à la colorer de mes rêves. Du moins me laisse-t-elle franc de contrainte et de servitude.

Ainsi m'en vais-je, doucement, cherchant et choisissant d'instinct dans mon trésor — qui est celui de tout le monde — ce qui convient le mieux à l'esprit que je suis devenu, à travers mille travaux, sous la pression des années.

Mais que Wagner parle et, tout aussitôt, ma jeunesse renaît soudain, elle surgit, elle s'anime et elle chante dans les vapeurs et les clartés de l'audacieux alchimiste.

Un jour, Toscanini dirigeait, aux Champs-Élysées, un concert à mon gré trop uniquement composé de musique descriptive. Mais, tout à coup, s'est élevé, avec une puissance inouïe, l'appel nostalgique des filles du Rhin, et il m'a semblé que le thaumaturge de mon jeune temps venait me baiser au visage.

Un autre jour, à Budapest, pendant les fêtes de la Toussaint, j'écoutais le dernier acte du *Crépuscule*, joué, de la façon la plus sobre, par des acteurs exemplaires, dans un décor d'une simplicité parfaite et je pensais, comme autrefois, que cet homme extraordinaire, je parle de Wagner, a reculé les frontières de la musique.

J'ai vu jouer, en 1936, *Siegfried*, de Ricardo Wagner, par une troupe italienne, à Sao-Paulo du Brésil. Je me suis vraiment délecté pendant les deux premiers actes, tout comme jadis, à Berlin. La fin s'est trouvée moins bonne. Cet interminable duo entre le garçon et Brunehilde, malgré de très grandes beautés, vraiment, il faudrait des dieux... Enfin j'ai fait un effort pour ranimer l'ancienne flamme et tout s'est quand même terminé glorieusement.

Non, non, je ne renie rien de mes anciennes amours et quand le cher Claudel fulmine contre Wagner, ce qu'il fait, comme il fait diverses choses, avec passion, violence et admirable injustice, eh bien, je ne refuse pas de rire, mais je ne lui donne pas raison. D'ailleurs, il n'aime pas Wagner, il n'a jamais aimé Wagner et je me demande parfois s'il n'est pas trop grand poète pour entendre bien la musique. Il serait, dans cette infortune, en assez riche société.

Non, j'aime toujours mon distillateur de poisons, et c'est préférable ainsi, car c'est maintenant le tour de mes garçons, de mes neveux d'entrer dans son laboratoire. Ils passent leur vie au concert, comme nous faisions à leur âge. Ils ont recomposé, je vais y revenir bientôt, l'orchestre d'amateurs que, pressé par trop de travail, j'avais laissé naguère se disperser, s'évanouir. Un soir de chaque semaine, j'entends, entre les murs de ma maison, soupirer les violons de Lohengrin, disserter Hans Sachs, murmurer la forêt, se lamenter Isolde. C'est le tour de mes enfants de boire les philtres du vieux mage autoritaire. Je les écoute, de loin, chanter sous le terrible maître, et j'aurais bien tort de cacher que cela me fait battre le cœur, autrement qu'autrefois, non moins fort qu'autrefois.

III

MUSIQUE C'EST DÉLIVRANCE

Quand il m'arrive de rêver à la musique, aux élévations et aux clartés que je lui dois, aux grâces dont elle m'a comblé, aux allégements secrets pour lesquels je lui voue une gratitude immortelle, à la place qu'elle tient dans mes pensées et même dans mes décisions, j'évoque souvent certains jours de l'année 1915, car les jours sont comme les êtres et les fantômes, nous les appelons parfois à voix basse et ils surgissent des profondeurs, avec leur parure de soleil ou de nuages, leur richesse ou leur indigence, leur visage, leur caractère, leur âme.

J'étais, avec le Iᵉʳ corps d'armée, sur la Vesle, en vue de Reims. Les grandes batailles de Champagne avaient grondé longtemps, à l'Est, et semblaient devoir nous épargner. L'automne commençait d'étriller et de noyer les boqueteaux. Un grand vent lugubre, venu du ponant, roulait tout le long de la vallée pour s'aller perdre en tournoyant dans la campagne de Reims. Pendant mes heures d'oisiveté, je me promenais, seul, parmi les buissons et les pins de ce pays mélancolique.

Je manquais de musique et j'en souffrais chaque jour davantage. La sauvage rumeur de la guerre assiégeait mon esprit jusqu'à l'accabler certains jours. Du fond de ce tumulte chaotique, j'élevais une prière vers l'ordre, le rythme et l'harmonie, une prière à la divine musique.

Nous recevions des blessés, en petit nombre, et nous pouvions nous occuper d'eux sans trop de hâte. Un jour, je vis arriver, sur un brancard, un brave homme à la moustache grisonnante, au sourire cordial et bourru. C'était M. Prudhomme, chef de musique au Ier régiment de ligne. Il s'était tordu le genou en tombant dans une tranchée. Il me revint de le soigner, c'est-à-dire, en tout et pour tout, de masser son genou malade. J'allais, mes pansements finis, m'asseoir près de l'excellent homme, et pendant que, les mains blanches de talc, je faisais les gestes rituels, nous causions de la musique avec beaucoup de passion. À vrai dire, le blessé connaissait assez mal mes dieux et ne répondait pas toujours à mes plus pressantes questions ; mais il savait jouer d'une dizaine d'instruments, il avait des clartés sur tous les autres, il connaissait fort bien le solfège et l'harmonie ; enfin, il aimait la musique et chérissait tendrement son métier de musicien-soldat.

— Monsieur, lui dis-je, un matin, vivre sans musique va me devenir impossible.

— Eh ! mais, s'écria-t-il, faites-en vous-même.

— Hélas ! je ne sais point.

— Eh bien, apprenez, comme tant d'autres.

— Il est peut-être déjà trop tard. J'ai plus de trente et un ans !

— Vous êtes, certes, trop âgé pour apprendre le violon. Le violoncelle vous irait assez bien, mais c'est encombrant à la guerre. Alors, apprenez la flûte. Voilà qui tient peu de place dans la cantine d'un toubib.

Mon patient n'eut pas trop de mal à me convaincre. Le soir même, j'écrivais à ma femme et la priais de m'acheter une flûte. La lettre partie, j'attendis la réponse avec une impatience enfantine dont j'ai gardé le souvenir.

* * *

Un jour, la flûte arriva. C'était un instrument d'occasion, de bonne marque et sans défaut. Je la portai en grande hâte à mon blessé musicien, qui la considéra de près et s'en déclara satisfait. Le soir même, il me donna ma première leçon et, dès ce début, je parvins à « faire parler ma flûte », comme disait l'excellent maître.

Le second hiver de la guerre s'enlisait dans la pénombre. Aux heures d'oisiveté, le soir venu, je m'enivrais longuement de l'humble chant que j'engendrais. J'étais encore fort inhabile, mais je m'appliquais, serrant les lèvres et mesurant mon souffle, enflant puis amenuisant la note, je m'appliquais à produire ce son filé, ce son de cloche dont parlait le magister. Petit à petit, je sentais s'endormir mes pensées les plus douloureuses. Mon corps, tout occupé d'animer le tube magique, s'abîmait en rêverie. Purgée de ses misères, allégée, affranchie de toute angoisse, mon âme s'élevait, légère, dans une lumière sereine. Je fus tout étonné de comprendre, environ ce temps, que ce ravissement était assez égoïste et que mes compagnons de loisir ne le partageaient pas toujours. Je cherchai des retraites et, les ayant trouvées parfois, fis de patients efforts pour dompter mes doigts et discipliner mon haleine. J'y parvenais à peine et déjà mon maître d'un jour avait regagné son régiment quand notre corps d'armée se mit en route pour Verdun.

Je peux dire que, dès ce moment, ma flûte fut une amie très bienfaisante. Ficelée sur le sac de cuir que je portais en bandoulière, elle ne me quittait pas, quand, la canne en main, nous marchions derrière la troupe sur les routes ravagées, ni même quand, plus tard, nous fut offerte la joie poignante de partir en permission. Il y avait de longues périodes où, pressé de mille devoirs, je ne pouvais trouver le temps de faire soupirer ma flûte. Le calme revenu, elle était entre mes doigts, non point toujours docile à toutes mes prières, mais généreuse malgré tout et, quand j'en avais besoin, pitoyable aux pires tristesses.

* * *

Les mois passèrent et je fus envoyé dans une ambulance automobile. J'eus la chance d'y rencontrer des camarades musiciens et je ne peux dire la joie que j'en ressentis. L'un d'eux jouait du violon et de l'alto ; un autre du violoncelle. La place, dans les voitures, n'était pas trop chichement mesurée. À la faveur d'une permission, mes camarades rapportèrent leurs instruments. Nous venions de monter notre tente opératoire à l'hôpital de Soissons. Nous passions les jours et les nuits dans notre sanglante besogne. Mêlée à celle des drogues, du linge cuit, des excréments, l'odeur de la chair humaine, l'odeur de la chair meurtrie et tranchée, montait comme un encens lugubre, assiégeant toutes nos pensées. Parfois, entre deux attaques, nous recevions avec stupeur l'aumône d'un brusque loisir. L'un de nos compagnons, qui savait jouer du piano, avait fini par découvrir, dans l'avenue de la Gare, une petite maison bourgeoise où résidaient de braves gens, deux vieux époux qui possédaient un piano droit, honnête meuble de province avec housse à pompons et cache-pot de faïence. L'instrument, désaccordé depuis longtemps, gémissait et vibrait au bruit de la canonnade. Nous parvînmes, non sans effort, à lui redonner une âme.

Pourrais-je sans émotion évoquer cette chambre étroite ? Plusieurs vitres de l'unique fenêtre étaient remplacées par de la toile huilée. La lumière était médiocre. Quand, par hasard, nos heures de repos coïncidaient, nous arrivions là en hâte, et furtivement, comme les fidèles d'une religion secrète. Nous avions un peu de musique : des recueils de morceaux classiques, des sonates de Corelli pour trois et quatre instruments, des quatuors et des quintettes de Mozart et de Beethoven. Nous n'étions point toujours assez nombreux pour lire correctement ces textes. Nous nous y acharnions quand même, avec une flamme ingénue. Je m'efforçais le plus souvent, avec la flûte, de suppléer un violon. Nos instruments, au début, bégayaient, concertaient mal. Ils finirent par s'accorder. Il arrivait, certains jours, que l'esprit des maîtres descendît soudain sur nous, comme la colombe divine. Pendant une ou deux minutes, avec nos sons imparfaits et notre expérience incertaine, nous sentions que le message nous était remis et nous le portions, enivrés, jusqu'aux faux pas et jusqu'au trébuchement.

*   *   *

Dans notre tâche cruelle, ces instants de ferveur étaient aussi des instants de délivrance. Je commençais à comprendre que la musique allait me permettre de vivre. Elle ne pouvait certes pas diminuer l'horreur du massacre, de la souffrance, des agonies ; toutefois elle m'apportait, jusqu'au sein même du charnier, un souffle de rémission céleste, un principe d'espoir et de salut. Pour l'homme privé des consolations de la foi, elle était quand même une foi, c'est-à-dire ce qui soutient, ce qui relie, ce qui nourrit, vivifie, réconforte. Je n'étais plus dans l'abandon. Une voix m'était donnée pour appeler et pour me plaindre, pour célébrer et pour prier.

Pendant toute la fin de la guerre, cette voix ne me fit point défaut. Jusque-là, j'avais connu la joie d'entendre la musique. J'apprenais une autre joie, celle de chanter moi-même, de libérer moi-même le son, de participer enfin, dans une mesure fort humble, à la création musicale.

Quand, la guerre ayant pris fin, je pus retrouver ma vie, la grande ville où je suis né, ses artistes et ses concerts, je compris tout de suite que la musique avait, pour moi, changé de sens et même de substance. J'aimais toujours, avec la même passion, d'entendre jouer ma musique, — celle que je chéris, celle que j'ai choisie, faut-il dire celle que j'épouse ? — mais, dans mes relations avec la musique, il y avait un élément nouveau : je jouais moi-même de la musique. Je ne jouais certes pas bien ! Si je ne pouvais m'offrir le plaisir de faire quelque plaisir aux autres, je pouvais, dès lors, me donner beaucoup de plaisir à moi-même. Je pouvais m'instruire tout seul, pénétrer tout seul dans le domaine enchanté. J'avais la clef.

L'instrument que le hasard m'avait mis entre les mains n'est pas un aussi bon instrument de connaissance et de culture que le piano ou le violon. Il comporte, néanmoins, une « littérature » très ample. Il fait partie de tous les grands ensembles. Il a sa place dans un certain nombre de duos, de trios, de quatuors et de quintettes. Il est ancien et illustre. Je me pris à l'aimer.

Comme je ne jouais pas assez bien pour aborder avec fruit les œuvres difficiles où la flûte a de grands devoirs, je m'occupai de réunir quelques amateurs, puis j'achetai des partitions et des parties, ce que, dans le jargon technique, on appelle du « matériel ».

* * *

Je m'en voudrais de laisser croire que la meilleure de nos expériences fût de nature à nous combler. elle était pourtant fort propre à déchirer les brouillards qui nous cachent douloureusement les avenues de la connaissance. À force de tourner autour de l'œuvre des maîtres, nous finissons par en découvrir l'accès et par en gagner les intimes profondeurs.

Il existe, dans l'opéra de Hændel intitulé *Orlando,* un chant délicieux, composé pour voix de femmes avec accompagnement de flûte, et que le musicien a dédié au rossignol. En jouant cette musique charmante, je compris, un jour, que Hændel avait fort bien écouté le chanteur nocturne, qu'il avait remarqué les silences, les reprises, les variations et les trilles, enfin et surtout l'appel qui marque toujours la reprise du chant et qui est composé de notes longues, pures, mélodieuses, égales. — C'est sûrement en songeant à cet appel que Paul Claudel a comparé la voix du rossignol à celle d'une « flûte forte et nette ». — Toutes ces délicates merveilles éprouvées dans la nature, au long des nuits du printemps, je les retrouvais dans l'œuvre musicale, parce que je la sentais non plus de loin, par le

dehors, mais dans l'étreinte d'une intimité com-
plète, parce que je donnais mon souffle, parce
que je tentais moi-même d'exhaler la plainte de
l'oiseau.

Plus tard, nous eûmes l'audace de jouer *l'Idylle*
de *Siegfried*. Je l'avais entendue vingt fois. La lec-
ture me fut une grande surprise. Quand le thème
de l'oiseau parut, donné par la flûte, je découvris
soudain avec admiration que Wagner fait, à son
tour, après Hændel, après tant d'autres, retentir
l'appel du rossignol, mais qu'il ne l'a pas placé sur
le temps. J'eus aussitôt le sentiment que le génie
du maître venait de me dévoiler un des secrets de la
nature. Ces belles notes pures et pleines, elles
s'exhalent « en syncope », à contre-temps, sur le
rythme mystérieux de la nuit. La plainte en devient
plus soutenue, plus pressante, plus pathétique.

*   *   *

Quand nous entreprîmes, non sans présomp-
tion, d'étudier, de jouer, entre nous, les symphonies de Beethoven, je fis mainte et mainte remarque. J'en veux noter une ici. L'adagio de la
Symphonie en si est accompagné par un battement
tantôt délicat et tantôt puissant que rythment tantôt les cordes, tantôt les timbales, parfois presque
toutes les forces de l'orchestre et qui, pour le
médecin, reproduit le bruit que fait un cœur
humain à l'auscultation. La *Quatrième Symphonie*
fut écrite en 1806. *Le traité d'Auscultation
Médiate* de Laënnec est de 1819. Je me garderai

bien d'établir la moindre corrélation entre ces deux ouvrages. Le dernier est un chef-d'œuvre de la connaissance artistique. Ajouterai-je, pour éclairer ce mystère, qu'à l'époque de la *Symphonie en si*, Beethoven s'était, dit la légende, fiancé avec Thérèse de Brunsvik et vivait d'exaltation ? Il était dans un de ces moments de la vie où l'on sent battre son cœur dès que le monde fait silence.

C'est ainsi qu'amateur modeste, mais ardent, j'allais de découverte en découverte. Jouer maladroitement, cela n'avait pas d'importance. La grande chose était d'abord d'approcher la pensée des maîtres, de la pénétrer parfois et d'y faire tantôt retraite et tantôt oraison.

À fréquenter ainsi l'œuvre des musiciens avec cette piété tâtonnante, j'avais parfois le sentiment de suivre les étapes de leur calvaire et de revivre, en leur société, les angoisses de la création — oui, je dis bien, de recomposer l'œuvre note à note et pièce à pièce, de la faire, de nouveau, surgir du néant primitif — .

*   *   *

Ce jeu m'enflammait si bien que je me sentis gagné par la passion des prosélytes. Ici, mes essais s'éclairent d'une lumière toute nouvelle.

Il est assez facile de recruter des violonistes et même des violoncellistes. Les flûtes sont à peine plus rares. Les altos, sans être exceptionnels, forment une espèce peu commune dans la foule des amateurs. Le hautbois et la clarinette ne se rencontrent pas tous les jours. Le basson, le cor, le trombone sont à peu près introuvables. Je me disais, vers ce temps : « Qui manque d'ombre chez lui peut toujours planter des arbres ». L'idée me vint donc de « faire » les musiciens dont nous avions besoin pour compléter notre orchestre. J'entrepris, dans ce dessein, plusieurs de nos camarades et mis en œuvre, pour les convaincre, toutes mes facultés de persuasion. Apprendre à jouer d'un instrument n'est pas petite affaire. Il y faut beaucoup de temps. Il y faut même une mise de fonds et divers sacrifices de l'ordre financier. L'achat d'un basson, d'un hautbois, est une dépense assez lourde. Ensuite, à peine de tâtonner, il faut les leçons assidues d'un habile professeur.

Malgré ces divers obstacles, je gagnai quelques disciples. Je leur avais promis, pour loyer de leur peine, des joies qui ne se déclarèrent pas toujours aussi vite qu'on le souhaitait. Celui de nos amis qui venait, sur mes instances, d'acquérir un basson passa tout un dimanche à faire de vains efforts pour tirer de son instrument quelque mélodieux soupir. Il s'aperçut, pour finir, qu'il avait laissé, dans le tube, l'écouvillon dont on se sert pour le nettoyer et l'assécher. Les tentatives suivantes furent heureusement meilleures.

*   *   *

Les mois, les années passèrent. Notre pépinière musicale commença de porter des fruits. Hautbois, flûte et basson, plus tard trombone et trom-

pette, vinrent prendre place au pupitre. Je conti-
nuais, d'ailleurs, d'enrôler des amateurs, de les
amener parmi nous et de les y retenir. Ce n'était
pas chose facile.

L'amateur a presque toujours, pour la musique,
un goût sincère et désintéressé, mais il n'a pas, de
la discipline, un sentiment très sévère. L'assiduité,
l'exactitude sont aux yeux de l'amateur, non pas
de belles vertus, mais de fâcheuses servitudes que
l'on peut subir en classe, au bureau, à l'usine, à la
caserne, mais qu'il paraît regrettable de faire
intervenir dans notre divertissement. L'amateur
est insaisissable. On ne sait jamais s'il viendra, ni
à quelle heure il viendra. Il arrive qu'il soit à
l'heure, mais il a, ce jour-là, sans qu'on sache par
quel hasard, oublié sa clarinette. Parfois, il vient,
et point trop tard, mais c'est pour dire qu'il lui est
impossible de rester. L'amateur est incroyable-
ment sensible à la grippe, aux désordres gastri-
ques, à la migraine, au lumbago. L'amateur est,
en outre, vulnérable à toutes sortes de petites
misères de nature psychologique.

— Ne me mettez plus à côté de Barnabé, dit-
il, je ne peux pas souffrir sa façon de jouer. Il me
paralyse.

De son côté, Barnabé n'est pas sans exigences.

— J'ai le plus grand plaisir, dit-il, à jouer de
bonne musique. Mais je ne veux pas devenir
aveugle. Or, Théodore, mon voisin de pupitre, a
une telle façon de pousser l'archet qu'il finira par
m'éborgner.

Là-dessus, paraît Balthazar, bon musicien, parfait corniste.

— Comment voulez-vous, s'écrie-t-il, que je reste à cette place où vous m'avez logé ? Je suis trop près de la fenêtre. Dès que je pousse le son, les vitres se mettent à trembler...

Il y en a qui ont trop chaud, d'autres qui ont trop froid. Certains voudraient fumer ; mais il y a des personnes délicates qui supportent mal le tabac. L'organisateur fait des prodiges pour concilier toutes ces aspirations adverses et les rallier dans l'amour de Beethoven et de Mozart. L'organisateur, ou, mieux, l'animateur, a, d'ailleurs, d'autres soucis. Le téléphone indiscret retentit à chaque minute. Le cor anglais, sur lequel on comptait absolument, fait connaître *in extremis* qu'il vient de recevoir des cousins de province et qu'il doit les festoyer.La seconde clarinette souffre d'une rage de dents. Le contre-bassiste espéré se dérobe, sans commentaire. L'animateur désolé pense, à certains moments, que la ferveur ne suffit pas et qu'il faut peut-être aussi la dure nécessité, peut-être même la contrainte.

Les jours de pluie, l'orchestre souffre et tombe en langueur. Le temps sec, en revanche, est favorable à la musique. Et, si quelque bon hasard s'en mêle, nombreuse est la compagnie. Alors, le chef saisit la baguette et la cérémonie commence.

*   *   *

Le travail acharné, voilà ce qu'il serait imprudent, et sans doute même inhumain, d'exiger de l'amateur. Ce qu'il souhaite le plus souvent, c'est de lire, de découvrir, de comprendre. Il est trop occupé de lui-même pour avoir un juste sentiment de l'ensemble. J'entends qu'il a fort à faire avec les traits, les difficultés, les pièges de sa partie. Il ne comprend pas tout de suite qu'il ne faut point regarder le chef d'orchestre et qu'il suffit de le voir. Il navigue dans la foule ; il est entraîné, porté. S'il fait partie d'une famille nombreuse, comme la famille des cordes, il se réconforte en songeant que les responsabilités sont largement partagées ; mais, s'il joue d'un instrument à vent, il connaît maintes surprises. Parfois, il se croit à couvert, dans le vacarme du tutti ; mais, tout aussitôt, les comparses disparaissent, le flot des cordes fond et s'évanouit, le musicien — flûte ou hautbois — s'avance, interdit, tout seul, effrayé de sa propre audace, dans un silencieux désert. puis d'autres instruments paraissent qui le convient au colloque, à la controverse, au jeu, à la fugue, à la poursuite. L'amateur, le cœur plein d'angoisse, ne songe plus au plaisir. Il est tout entier dominé par les affres de l'épreuve.

*　*　*

De tant de soirées passées dans cette dévotion ingénue, je garde un aimable souvenir. En toute loyauté, j'avoue que notre musique était le plus souvent fort imparfaite. Elle eût, sans doute, indisposé des artistes accomplis, des musiciens sûrs de leur talent. N'importe! nous faisions à tâtons des actes de connaissance. Nous cheminions, trébuchant et boitant, dans la forêt des chefs-d'œuvre. Rares étaient les jours où nous n'avions pas la chance de quelque riche découverte. C'était comme un voyage à pied, sac au dos, bâton en main, dans la patrie des merveilles. on y avance lentement, mais on a le temps de tout voir. Nous avons lu, sans vergogne, un très grand nombre d'ouvrages. Il y avait « des trous », beaucoup d'instruments nous manquaient. L'imagination comblait les défauts avec magnificence. J'entendais, au fond de mon cœur, malgré les fausses notes et les maladresses, l'œuvre dans sa beauté parfaite. Et je l'entendais si bien que, chaque fois qu'il m'est arrivé d'aller écouter, au concert, une œuvre que nous avions ânonnée péniblement dans nos réunions amicales, mon plaisir — oserai-je l'avouer? — s'est presque toujours trouvé mêlé d'une indicible déception. La perfection du concert me dévoilait soudain, dans sa stricte et humaine nudité, l'œuvre qu'à travers nos mauvais essais je restais libre d'entrevoir parée de prestiges célestes.

Ces petites fêtes balbutiantes avaient bien d'autres vertus. Elles nous libéraient pour une heure de nos soucis, de nos tourments et de nous-mêmes. Que la poésie soit délivrance, comme a dit un prince de l'esprit, je le sais, je l'ai mille et mille fois éprouvé, je le proclame avec une totale gratitude. Sur l'âme lasse et dénuée, s'il arrive que la poésie soit finalement sans pouvoir, la divine musique conserve encore des prestiges. Elle n'a besoin ni des mots ni des artifices meurtriers de la traduction. Elle se laisse mal enchaîner par les passions de la rancune. Elle plane au-dessus de nos querelles et de nos haines. Elle a comblé de ses dons des enfants que nous saluons comme les messagers ingénus des puissances surnaturelles. Elle est, malgré notre infinie misère, une promesse et un gage de rédemption.

*   *   *

Les temps à venir sont incertains. L'homme qui songe à ses fils se demande avec anxiété ce qu'il peut et doit leur donner pour les aider à cheminer sur des routes dont on devine qu'elles ne seront point aisées. Des connaissances, des conseils, mes trois fils en ont reçu. Qu'en pourront-ils faire ? Je ne le sais et je n'ose m'abandonner à de trop belles espérances. mais qu'ils aient pris, tous les trois, un grand amour de la musique, voilà ce dont je suis sûr, voilà ce que je me répète, quand je veux, malgré tout, sourire aux années futures.

Pressé de mille soucis, j'ai laissé ma flûte s'engourdir au fond d'une armoire. Le souffle m'a peut-être trahi. Le souffle et la confiance. La lassitude m'est venue de trop de besognes mêlées. J'ai renoncé, non sans regret, aux naïves cérémonies de la musique familière. Heureusement, la tradition n'est point morte. Chaque semaine, les lampes s'allument, la maison retentit de maintes voix accordées. Haydn, Beethoven, et Schubert ne se montrent pas insensibles à cette prière juvénile. Ils viennent vivre parmi les enfants comme ils ont vécu parmi nous. Les amateurs de vingt ans ont presque tous les défauts qu'avaient naguère leurs aînés. Ils ont une ardeur pareille. Je les en loue de grand cœur.

Mon travail achevé, ou, pour mieux dire, suspendu, il m'arrive de m'arrêter pour écouter ces jeunes âmes. De loin, par l'entrebâillement d'une porte, je contemple une minute tous ces enfants zélés et je m'éloigne, non certes content, non certes rassuré, mais saisi, malgré tout, d'espoir et de confiance. Quel que soit leur destin, ils auront de secrètes richesses et, s'ils doivent souffrir, ils ne seront jamais tout à fait dépourvus, puisqu'ils ont ce beau viatique.

IV

DIX FEUILLES
DE MON CARNET

I

Le souvenir de Georges Chennevière, je ne dirai pas qu'il est illuminé de musique, mais plutôt qu'il en est endolori, hanté, possédé, tourmenté.

Je nous revois tous deux, dans le train qui nous ramenait de Varsovie, en 1926. Nous étions las et soucieux. Nous avions d'abord fumé, sans rien dire, et, soudain, nous commençâmes de chanter à voix basse. Nous nous penchions l'un vers l'autre, à cause du tumulte des wagons et nos têtes se touchaient presque. Nous chantâmes les quatuors de Beethoven. Nous les prenions à la file. Nous avions bonne mémoire et, quand l'un semblait hésiter, l'autre le relayait aussitôt. Les villes passaient, et les frontières. Arrivés à Paris, nous chantions encore. Nous en avions fini des quatuors, nous cherchions au hasard, dans l'amas de nos trésors. Le long voyage avait passé vite.

Je revois Chennevière dans la campagne de Verdun, en 1917. Nous n'étions pas trop loin l'un de l'autre ; je le savais et m'étais fait donner quelque chose comme une mission, un papier libérateur, avec timbre humide et signature. Pendant des heures, nous errâmes dans le paysage dévasté. Nous chantions, à voix couverte, mais nous chantions avec ferveur. Les instants de cette rencontre, nous les passâmes à nous faire mutuellement présent de ce qu'il y avait de plus pur et de plus riche dans le fond de notre cœur.

Que je me promène dans les champs de Valmondois, pendant mon séjour estival, et je rencontre partout Chennevière. C'est ici que nous nous sommes arrêtés, à la lisière de ce bois. C'est là que, parvenu au faîte de la colline, il m'a chanté la cavatine du « treizième », c'est là, en suivant ce chemin, que nous avons, en chœur, célébré la *Belle Meunière.*

Les rues et les carrefours de Paris me rappellent aussi Chennevière, un Chennevière abreuvé de musique, un Chennevière dont toutes les pensées étaient accompagnées, enrichies, commentées et métamorphosées par le génie de ces hommes étonnants qui sont à jamais nos compagnons et nos maîtres.

Je crois l'avoir dit, Chennevière avait une mémoire serviable et fidèle. On peut aimer la musique sans posséder le précieux avantage d'un grand réservoir bien organisé. Mais comme il est bon d'avoir des ressources et de pouvoir les faire surgir, docilement, à notre appel !

Cette connaissance des choses de la musique, Chennevière l'employa pendant plusieurs années à faire de la critique et, presque tout de suite, il commença de souffrir. La musique ne saurait être un plaisir de tous les instants. Il faut que l'âme consente, qu'elle se donne et se prodigue. Un amoureux de la musique n'est pas prêt, chaque minute, à savourer le festin. Or la critique surmène ceux qui la pratiquent de manière professionnelle et obligatoire. On leur demande, aujourd'hui, d'être dispos à toute heure, le matin, pour les fêtes religieuses, l'après-midi, pour les répétitions et les concerts, le soir, pour les spectacles et les cérémonies. C'est une débauche exhaustive. Chennevière en souffrit bien vite. Il aimait trop sincèrement la musique pour la recevoir sans plaisir, pour l'absorber sans appétit. Il ne craignait pas de s'en plaindre. C'était un homme de solitude. Il avait certes le goût de la communion, mais non celui de la promiscuité. Le concert quotidien et biquotidien, c'était devenu, pour lui, un véritable supplice. C'était l'amour sans amour. Je comprenais Chennevière, car je ne pensais pas autrement que lui et c'est encore ainsi que je pense aujourd'hui.

Chennevière fut sauvé de ce malaise par les *Fêtes du Peuple*. Elles commençaient alors de nous émouvoir et de nous enflammer. Albert Doyen, avec une loyauté, une autorité, une ardeur vraiment admirables, avait créé cette œuvre de haute charité humaine pendant les derniers temps de la guerre — celle de 14-18 —. Tous ceux qui voulaient apprendre à chanter les œuvres des maîtres, Doyen les accueillait et les enseignait. Il façonnait cette chorale qui devait devenir fameuse et qui, pendant des années, sous la conduite de ce grand cœur, de ce bon chef, a honoré Beethoven, Wagner, Borodine et beaucoup d'autres. Nous étions émerveillés par tant de bonne foi, de savoir et de générosité. Nous sentions tous qu'il fallait non seulement encourager une telle entreprise, mais encore l'adopter, la faire nôtre, prendre une part active et joyeuse à cette œuvre de salut. En ce temps-là, pendant l'été, Doyen habitait, à Valmondois, une petite maison que je vois encore, là-bas, sur l'autre versant du vallon, pendant que j'écris ces lignes. Nous avions de grands entretiens sur la musique, sur la poésie, sur la plus heureuse manière d'élever et d'instruire le peuple.Je me mis à composer, une sorte d'oratorio. Presque chaque jour, j'en achevais une page, dans l'enthousiasme, et je traversais le hameau pour la porter à Doyen qui, tantôt devant le piano, tantôt devant la grande table chargée de papiers, composait avec fièvre. L'œuvre achevée, je l'appelai *Voix du vieux monde.* C'étaient les soupirs, les appels et les cris d'espoir d'une société humaine vers un avenir clément qui s'est, depuis vingt-cinq ans, beaucoup éloigné de nous.

Chennevière fréquentait les *Fêtes du Peuple*. Il y donnait, comme nous tous, des conférences. Il sentait qu'il y avait, dans cette loyale tentative, un principe non chimérique d'ennoblissement des âmes et de concorde harmonieuse. Il se mit à l'œuvre ou, plus justement, il découvrit de belles raisons de persévérer dans l'œuvre. Il avait, pendant la guerre, établi les fondations d'un grand ouvrage : les *Douze fêtes*. Il remit à Doyen le premier de ces poèmes, le *Chant de Midi*, qui venait de paraître au *Mercure de France* et dans lequel étaient contées les souffrances et la mort des hommes de la guerre. Le *Chant de Midi*, qui fut exécuté souvent aux *Fêtes du Peuple* et diffusé solennellement depuis la mort de Doyen, marque le début d'une collaboration exemplaire. Alors que, sollicités par mille problèmes, nous cherchions les uns et les autres notre voie dans la brousse des événements et des hommes, Chennevière trouva soudain la sienne. Il devint le poète des *Fêtes du Peuple*; il composa, pour ses amis de la chorale, de belles œuvres auxquelles Doyen donnait la parure musicale et qui, jusqu'à notre dernier souffle, résonneront au fond de notre cœur. Grâce aux *Fêtes du Peuple*, Chennevière avait, malgré l'amertume des besognes non souhaitées, malgré la fatigue des tâches quotidiennes, retrouvé le sens profond de cette musique libératrice qui demeure, pour tant d'âmes, lumière et consolation.

J'écris ces pages par une matinée de juin. Le

soleil brille ainsi qu'au premier jour du monde. Les mouches, autour de moi, vibrent parmi les fleurs. La frondaison des peupliers chante, chante, avec ivresse, au moindre souffle du vent, comme les jeunes filles de la chorale quand Doyen levait sa baguette. J'entends nos enfants qui s'éveillent dans l'ombre de la maison. Un de mes neveux, là-bas, de l'autre côté du val, s'est mis à sa fenêtre et il joue, sur un tuba, les premières mesures d'une symphonie de Beethoven. Puis c'est, de nouveau, le silence. Et le soleil monte doucement par-dessus la cime des arbres. Chennevière ! Doyen ! Même au grand soleil de la matinée, je vois maintenant, autour de moi, se promener beaucoup de fantômes. Et le silence rustique lui-même ne sera plus jamais pur : trop de chants me font escorte, hantent ma solitude et se mêlent à mes pensées.

II

Je ne saurais laisser croire qu'en prenant avec chaleur et parfois même avec brusquerie la défense de la musique, je plaide une cause limitée qui n'intéresse vraiment qu'une poignée de spécialistes. Les mésaventures de la musique, dans cette époque extravagante, rendent merveilleusement sensible le désordre de la pensée. Conjurer ce désordre-là, n'est-ce pas notre affaire à tous ?

Je me promenais, un jour de l'année 1937, en société d'un ami, dans les jardins improvisés sur la colline de Chaillot. Quelques appareils à tapage, disposés de place en place, déversaient en cet endroit une musique ahurissante et limoneuse. — J'emploie le mot de musique en attendant que le public invente un autre vocable pour désigner avec vigueur ce genre de sous-produit sonore. — La beauté des fontaines qui jaillissent à cette place en était, à mon sens, offusquée. Le bruit de l'eau, l'un des plus émouvants qui soient, était perpétuellement couvert par cette vocifération mécanique. Est-il vraiment nécessaire de rappeler aux personnes responsables qu'un jet d'eau nous réjouit l'âme par son chant non moins que par son aspect ? Parfois — et c'était très bref : le temps de changer un disque — les mécano-tapageurs cessaient de vomir, et le promeneur, soulagé, se disait que la vie serait, malgré bien des angoisses, suffisamment supportable si l'on consentait enfin à ne pas nous torturer l'ouïe. Mais l'artillerie musicale se reprenait à gronder et le malaise recommençait.

Les « vacarmeurs », ce jour-là, dispensaient aux multitudes les horreurs ordinaires et les grâces démodées du jazz. J'avais cessé de causer avec mon compagnon : ni la voix, ni l'oreille, ni l'esprit ne résistent à ces cataclysmes, et je faisais de mon mieux pour trouver une retraite quand mon ami, soudain, me cria de toutes ses forces :

— Vous savez, ce n'est pas toujours aussi mauvais. Il leur arrive parfois de donner de bonne musique.

Nous arrivions, à ce moment, dans une zone de silence relatif et nous reprenions haleine.

— Eh bien, dis-je, s'ils donnent parfois de bonne musique, s'ils compromettent la bonne musique dans cette sinistre parade foraine, n'attendez pas que je m'en réjouisse, car c'est le comble de la sottise et de la misère.

Je commence, quoi qu'il y paraisse, à me résigner au bruit. Je commence à comprendre que le bruit est inévitable, que le charivari désormais est notre destin. J'ai fait, pour sauver le silence, des efforts qui sont demeurés vains. Je suis vaincu, je cède et m'incline. Je ne peux quand même pas ne pas élever la voix pour dire encore : « Faites votre bruit, c'est entendu ; mais laissez la vraie musique en dehors de ce scandale. Nous vous abandonnons tous les gargouillement et toutes les éructations de vos auteurs favoris. En revanche, laissez-nous nos maîtres, qui ne vous ont fait aucun mal et qui ne vous demandent rien, car ils sont sagement morts. Laissez-nous ne pas gaspiller ce que nous voulons aimer jusqu'à notre dernier souffle. »

Je demande à ne pas entendre la *Cinquième Symphonie* plus d'une ou deux fois par an. Parce que c'est une œuvre admirable, et que je crois bien la connaître, je demande à ce que l'on n'accroche pas la cinquième symphonie à tous les lampadaires, à tous les mâts bruiteurs des expositions et d'ailleurs. Je demande à n'entendre plus la *Symphonie Inachevée* avant deux ou trois années. Je rappelle à mes contemporains, je rappelle avec insistance que la rareté est une condition essentielle de l'émotion esthétique. Les appareils haut-parleurs nous déverseraient-ils des harmonies séraphiques, ce qu'ils ne font certes pas, je dis que je ne veux pas entendre toute la journée cette musique séraphique. Pas trop d'art, pas trop de joie, au nom du ciel ! La beauté sans marge n'est plus la beauté. Je ne la reconnais plus.

J'écoutais, un soir, le quatuor Lœwenguth, ce quatuor de jeunes hommes dévoués, dont les ans additionnés ne faisaient guère alors plus d'un siècle. Le premier et le dixième quatuor de Beethoven ! Quelles audacieuses, vigoureuses et délicates merveilles ! J'en connais certaines parties note à note. Je me les chante souvent dans mes instants de solitude. Je souhaite que tous les hommes apprennent à les aimer. Mais je pense avec horreur que cette musique délectable pourrait, un jour prochain, nous être versée sur les épaules, au passage, dans quelque foire, par des machines massacreuses qui l'amplifieraient cent fois pour nous la rendre mieux sensible, et je suis prêt à me jeter à genoux pour demander miséricorde.

III

Les chefs-d'œuvre de l'art littéraire ont, nous le savons de reste, tout à redouter de MM. les metteurs en scène. L'activité de certains de ces chirurgiens aventureux ne s'exerce pas seulement sur les ouvrages dramatiques ; elle s'applique, depuis bien des années, aux autres œuvres littéraires et surtout aux romans. Il en résulte un beau gâchis que le monde lettré considère avec une damnable tolérance.

La radio me semble en train d'amplifier et de compliquer le désordre. Les méfaits des metteurs en scène semblent désormais véniels au prix de ceux que perpètrent parfois MM. les metteurs en ondes. Ceux-ci d'ailleurs ont toute commodité pour attaquer et réduire en charpie non seulement les chefs-d'œuvre de la littérature, mais encore les plus beaux ouvrages de la musique.

Il m'est arrivé, ces jours derniers, d'entendre, par hasard, qu'un de nos postes de province allait diffuser *la Belle Meunière*, de Schubert. Qui ne connaît, qui n'aime, en France comme ailleurs, cette charmante suite de chants composés par Schubert sur les poèmes de Müller ? La fable est naïve et les vers assez médiocres ; mais le musicien a prodigué, dans cette petite partition, tous les dons de son génie. Tout le monde, chez moi, se plaît à *la Belle Meunière* et nous aimons d'en chanter ou d'en fredonner les phrases, ornements de notre mémoire. J'ai donc pris un fauteuil et réglé les boutons de la boîte à musique. Et puis j'ai prêté l'oreille.

Le « parleur » a donné les renseignements élémentaires. Il n'a pas — c'est donc par pudeur ? — il n'a pas, me semble-t-il, annoncé que nous allions entendre une adaptation, ce qui lui permettait, d'ailleurs, de cacher le nom du coupable. Mais il a parlé d'orchestre, il a nommé plusieurs interprètes et j'ai commencé d'éprouver du malaise.

Alors le drame a commencé. Oh! le drame dont je parle n'est pas celui du jeune amoureux. C'est celui du chef-d'œuvre soumis à la torture.

Nous avons d'abord entendu quelque chose comme une ouverture symphonique où les principaux thèmes de Schubert étaient triturés et mêlés dans un ordre dérisoire. Puis l'appareil a vomi du « dialogue parlé », dans le plus pur style d'opéra-comique. Enfin sont venus les lieder, distribués, selon les phrases, pour voix de femme et voix d'homme.

Je n'ai pas attendu la fin de cette espèce d'attentat. J'ai fait taire l'appareil.

Nous sommes en pleine confusion, il est temps de le comprendre. Toutes les idées se bousculent et se marchent sur les pieds, si j'ose m'exprimer par images. Les catégories s'entre-dévorent, les valeurs se télescopent et les mots, dans cette cohue, n'ont plus ni sens, ni substance. Tel est le

style de l'époque et nous semblons assaillis de
diverses pensées terribles touchant l'avenir immé-
diat de tout ce que nous aimons encore.

Du moins avons-nous des refuges. Nous pouvons, aux heures d'amertume, évoquer les belles
œuvres qui sont notre vrai trésor, qui nous protè-
gent et nous consolent, qui nous rendent, pour
un moment, notre foi au génie de l'homme.

N'y a-t-il aucun moyen d'empêcher les bar-
bares de porter une main sacrilège sur ces belles
œuvres des maîtres que leur seule beauté ne suffit
plus à défendre ? Si nous n'y mettons bon ordre,
on va tout nous servir en hachis, en marmelade et
en purée. Les professionnels du chaos, qui ne
sont peut-être, au bout du compte, que des igno-
rants zélés et des maladroits à tout faire, vont
achever de piétiner, pour la réduire en pâtée,
cette réserve de beauté qui semblait demeurer
pour nous une juste raison de vivre.

IV

Le quatuor Amati jouait, l'autre soir, chez moi,
pour quelques amis, tous fervents de belle musique. Le programme n'était point chiche, puisqu'il
comportait, outre le quatuor inachevé de Schubert, deux quatuors et un quintette de Mozart (le

premier des quintettes avec deux altos). Cette
nourriture opulente, nous la savourions dans un
recueillement parfait et ce que l'expression
«musique de chambre» suppose d'intimité, de
communion affectueuse nous était, ce jour-là,
délicieusement sensible.

J'écoutais de toute mon âme les artistes accomplis qui nous faisaient ce magnifique don sonore
et, comme la musique exalte en nous maintes
idées vagabondes, j'interrogeais mes souvenirs et
j'en tirais des clartés.

Qu'elle me soit donnée au concert, au théâtre
ou à l'église, j'aime la musique des maîtres, elle
est, pour moi, de toutes les nourritures spirituelles, la plus désirable et la plus nécessaire, celle
qui répond le mieux aux besoins les plus secrets.
J'ai pour la musique de chambre une dilection
toute particulière. Elle n'est pas moins majes-
tueuse, moins noble que la musique du concert
ou du théâtre, mais elle est plus familière, plus
près de mon cœur. Elle vient sanctifier la maison
où nous vivons. Nous l'accueillons, visiteuse
royale, dans la lumière de notre vie quotidienne
et cette vie en demeure transfigurée.

Je n'ai pas le temps de m'adonner à la vie mon-
daine ; mais je ne la fuis point de manière systé-
matique. Ce qui m'étonne et me déçoit, c'est que,
le plus souvent, l'élite dirigeante ou plus justement possédante se fait une idée médiocre du
luxe dont elle peut jouir. Parmi les éléments
essentiels du luxe véritable, je suis tenté de met-

tre au premier rang le silence et la musique. Laissons de côté le silence, j'en ai déjà beaucoup parlé. Ne pensons donc aujourd'hui qu'à la divine musique. J'ai certes entendu beaucoup de musique chez des particuliers, amateurs ou professionnels, et je n'ai pas manqué d'en jouir ; mais je me demande pourquoi les gens qui ont le désir de traiter convenablement des amis ne leur offrent pas plus souvent un beau festin de musique. J'ai fréquenté quelques maisons où l'on pratiquait ce culte. J'avoue qu'elles sont rares. Pourtant, quoi de plus généreux ? Quoi de plus simplement magnifique ? Les bourgeois qui veulent traiter leurs amis les invitent volontiers à partager un repas pour lequel ils n'épargnent rien. Les viandes, les vins, les fruits encombrent la table. Le repas fini, les assistants allument des cigarettes puis se disposent au petit bonheur dans les salons. Ceux qui ne jouent pas au bridge, dans un coin, n'ont plus qu'à s'ennuyer héroïquement jusqu'à l'heure de la fuite. J'aime la conversation ; mais ce n'est pas une œuvre de hasard. Il y faut de la discipline, des traditions et de la chance. La musique nous délivre des fausses conversations qui ne sont que du bavardage. Elle nous délivre de nous-mêmes en nous introduisant dans la société des grandes âmes. Et je ne parle pas de la ronronnante musique de radio ou de phono qui accompagne les palabres mondaines. Je parle de la vraie musique, celle qui impose le silence, celle qui contraint au recueillement les natures les plus rebelles, je parle de la musique faite devant nous, pour nous, par des êtres de chair dont la présence exige le respect.

De tout temps, l'élite dirigeante a montré, du vrai luxe, un sens intelligent. Elle ne traitait pas toujours, hélas, les musiciens avec honneur, mais elle savait les employer et leur donner en même temps subsistance et carrière. Je dirai donc franchement que la bourgeoisie moderne manque à plusieurs de ses devoirs. Elle a, brutalement, abandonné les peintres quand elle a cru comprendre qu'ils ne seraient pas, pour elle, d'un sûr profit temporel. Des musiciens, que fait-elle ? Tout donne à croire qu'elle va les laisser périr de misère et de tristesse au lieu de les convier à l'ornement des fêtes intimes. Offrir, après le dîner, un quatuor à ses amis, c'est non seulement un acte de magnificente courtoisie, mais c'est aussi, dans les conditions actuelles de la société, un acte de clairvoyante humanité.

Est-ce à dire que le goût de la musique serait en décadence ? Non, sans doute. Il est en plein épanouissement. Je le voyais bien un jour en assistant à un concert des Études Mozartiennes. On y donnait, entre autres ouvrages, l'admirable messe que Mozart écrivit environ sa quinzième année. Mme Octave Homberg, qui s'est dévouée à Mozart, ne peut plus douter maintenant que son œuvre ne soit un admirable bienfait. Quelle ferveur dans le public ! Quelle brûlante passion ! Je veux ajouter aussi quelle joie sur la scène, dans la foule des musiciens! L'orgue, avec son infinie longueur d'haleine, passait sur nous comme le souffle même de l'éternité. Une des solistes, loin de se ménager, chantait avec les chœurs, à pleine voix, pour le plaisir. L'un des seconds violons chantait, parmi la foule des instruments et des voix, avec un si pur élan que je le distinguais, sans le voir, au timbre même de son âme. Et cette chère âme inconnue me faisait comprendre que Dieu, dans le tumulte du monde, doit entendre et reconnaître l'appel de chaque brin d'herbe.

Puisque l'élite existe encore, il n'est peut-être pas trop tard pour lui rappeler ses devoirs, ses charges, sa mission.

V

Il paraît qu'au temps de nos grands-pères, l'Opéra était un lieu de rencontre et de bavardage. On se faisait et l'on se rendait, d'une loge à l'autre, toutes sortes de visites jaboteuses, avec piaillements, caquets, mignardises, baisemains et susurrantes calomnies. Cependant, les chanteurs s'évertuaient sur le plateau. Le mystère musical s'accomplissait dans le tumulte. Il arrivait qu'un des assistants — je n'ose dire un des auditeurs — tînt à marquer qu'il était homme de goût. « Une minute d'attention, disait-il en levant le doigt. La délicieuse Tartempini va chanter la cavatine. Elle y est incomparable.» On écoutait donc une minute et puis les gens recommençaient de papoter et de rire.

Ces mœurs, dont les romanciers d'autrefois nous ont laissé maintes peintures, étonnaient et scandalisaient beaucoup les jeunes mélomanes, aux environs de 1900. Wagner, entre divers miracles, avait accompli celui de dompter les babilleurs et de leur imposer silence. À l'Opéra comme au concert, à peine de passer pour un sauvage, l'auditeur devait, bon gré, mal gré, sinon donner le spectacle de la ferveur intelligente, du moins respecter les convenances, honorer les artistes et rendre hommage à l'œuvre d'art. Les amateurs de bruit pouvaient toujours aller au café, au cirque, au bal musette; on ne les tolérait plus dans les temples de la musique. C'était une belle victoire et nous avions quelque raison de penser qu'elle était définitive.

Nulle victoire n'est définitive. Je suis allé, l'autre jour, au spectacle de l'Opéra, qui se jouait, pour la dernière fois, sur le théâtre des Champs-Élysées. On donnait *Fidelio*. Je veux bien reconnaître que, par son style et sa structure, l'œuvre évoque les plaisirs et les fastes d'une société défunte. N'importe, elle est d'un grand maître, d'un maître entre tous vénéré. Elle contient de frappantes beautés. Elle excite l'esprit critique. Elle nous montre un homme de génie aux prises avec des difficultés qui n'étaient pas de son empire et qu'il a vaincues de façon plus brillante qu'originale. Bref, elle requiert l'attention pour mille raisons impérieuses. Ne l'exigerait-elle pas, qu'elle devrait encore l'obtenir parce qu'il est entendu, depuis déjà bien des lustres, qu'on ne va plus à l'Opéra pour y parler de ses petites affaires et que toutes les personnes de bonne éducation sont, malgré tout, capables de garder le silence pendant que les chanteurs chantent.

Eh bien, j'ai compris, non sans quelque étonnement, non sans beaucoup de regrets, que le règne du silence et de la civilité va probablement finir. Il y avait trois ou quatre loges dont les occupants n'ont cessé de parler pendant la représentation, et d'une manière si distincte que tous les spectateurs du balcon ne pouvaient pas n'en être pas incommodés. Il a fallu la fameuse ouverture de *Léonore* — on la joue, à l'Opéra, entre le troisième et le quatrième acte — pour imposer aux bavards quelques instants de repos.

En rentrant chez moi, je rêvais à ce phénomène fâcheux dont on peut justement dire qu'il est assez déconcertant. Il est entendu que tout se perd et se transforme, que les coutumes les plus sages sont à la merci du hasard, d'un coup de vent, d'un caprice, d'une mode plus ou moins ridicule, d'un retour de la destinée. N'importe, l'usage d'écouter au concert ou à l'Opéra semblait si raisonnable et si bien enraciné qu'on en venait à se demander ce qui pourrait le ruiner et le jeter en désuétude.

Dans ce retour offensif de l'incivilité, je vois un des effets mineurs de la radio délirante. La musique n'est plus un plaisir solennel. L'homme qui allait au concert une fois ou deux par mois entendait bien ne rien perdre. Il était tout oreilles et tout âme. Le respect, la politesse et l'intérêt bien entendu lui conseillaient le silence. Il participait vraiment aux cérémonies d'un culte. Cette belle flamme est-elle donc morte? On pourrait le croire. Nous sommes gorgés de musique. Nous sommes, pour mieux dire, écœurés par les succédanés de la musique. Les auditeurs de la radio, à quelques exceptions près, n'écoutent plus jamais rien de ce qu'on leur verse dans l'oreille. Ils bâillent, ils se font les ongles, ils jouent au bridge, ils palabrent. Ils perdent à jamais le sens de l'attention et de la ferveur. Ils perdent surtout le sens de la « Présence réelle », si l'on veut bien me permettre d'employer cette expression. Et quand ils sont au concert, ils se reprennent à parler, comme chez eux, comme partout.

VI

J'ai mené les enfants au concert du Samedi, pour leur faire entendre, principalement, une symphonie de Beethoven.

Jadis, pour jouir d'un beau concert, il me fallait vivre d'abord deux magnifiques heures d'attente exaltante dans les frimas de l'hiver. Je n'ai plus assez de temps pour en faire une si belle dépense ; mais je crois toujours que c'est péché, quand on aime la musique, d'arriver hors d'haleine pour les premiers coups d'archet. Comme en amour, j'apprécie le recueillement, les préludes, l'espérance, les images préalables.

Nous arrivons donc d'avance et nous nous trouvons installés, à pic, au-dessus de l'endroit qu'occuperont les musiciens. Un bon poste d'observation. Dans le jeu d'un grand orchestre, il y a du plaisir pour l'œil, une sorte de danse rituelle, un ballet de bras et de doigts qui mérite bien d'être vu.

Nous voilà, donc, attentifs, à notre poste. Un basson solitaire, premier venu sur l'estrade, répète avec amour quelques traits de la symphonie. Ce n'est peut-être pas d'une élégance impeccable, cet exercice en public, mais c'est touchant, c'est humain et, somme toute, de bon augure. Attente. Dix minutes, un quart d'heure peut-être et, soudain, voici le flot des musiciens. Ils entrent vite, pressés, comme des gens qui sortent du métro, qui n'ont pas une minute à perdre et qui n'ont surtout pas l'intention de nous le cacher. Ils s'installent, s'accordent à la hâte, échangent des poignées de main, quelques propos tièdes. Encore un ou deux retardataires, un peu haletants de la

course. Et le chef paraît soudain, que le public
applaudit.

Je suis légèrement inquiet, mais ému, mais
prêt, comme toujours. Prêt dans mon cœur qui
ne se lasse et ne se blase pas aisément. Prêt aussi
pour ces grands garçons que j'introduis avec émotion aux plus pures joies de leur vie.

Alors le concert commence. Oh ! Les garçons
seront contents. De leur côté, rien à craindre. Ils
ont des oreilles fraîches, un esprit avide et naïf.
Mais moi ? Que se passe-t-il ?

Eh bien, je ne suis pas content. Dès les premières mesures, je comprends que ça va mal, que
l'orchestre n'est pas en train, qu'une foule de
vieux problèmes vont reprendre flamme et venin,
que Beethoven va souffrir et que nous souffrirons
ensemble. Rien d'énorme, évidemment. Les
intruments partent à peu près à leur tour ; les
artistes jouent à peu près juste. Mais il y a, entre
eux, encore trop d'air de la rue, on devine qu'ils
pensent tous à des choses différentes. Ce n'est pas
une symphonie, c'est un ramassis de solos non-
chalants et hasardeux. Les traits sont chétifs et
vaguement avortés, les ensembles s'accomplissent
dans un désordre aboyant et quasi « parlemen-
taire » ; l'esprit d'obéissance et de soumission n'a
pas encore visité cette foule morose. La visitera-
t-il aujourd'hui ? On entend le « cadlicadlac » des
instruments à vent. Les cuivres, espérant leur
entrée, ont l'air de vraiment s'ennuyer. Ils ne

lisent pas leur journal, par un restant de pudeur, mais ils le lisent moralement, si j'ose dire. Et le chef d'orchestre ? Il dirige. Mais, je ne sais pourquoi, je jurerais que, moralement, il a la main dans sa poche, ou même qu'il se cure les dents ou qu'il se met les doigts dans le nez, enfin qu'il s'en moque. Pas d'autre mot.

Les plus jeunes des garçons, eux, sont très contents. Ils sont à l'âge admirable où l'on pense : « Si c'est comme ça, c'est que ça doit être comme ça !... Ils ont leur plan !... le gouvernement y a pensé... Tout est prévu... on a des réserves... C'est une manœuvre... une retraite stratégique... » Oui, oui, au fond de leur cœur, ils pensent, les ingénus : « C'est bien ainsi qu'est la beauté ».

Et le concert continue. Le public ? Il est, dans l'ensemble, admirable, confiant, crédule, enthousiaste. Il attend l'occasion de placer des applaudissements qui chauffent encore son plaisir. Et le concert continue. Le bon basson fait merveille — celui qui répétait ses traits —. Celui-là n'est pas usé. Il est tout flamme, tout amour. Il y va de son voyage. On voudrait l'embrasser. Le concert continue et, petit à petit, les choses prennent leur place : l'orchestre se fait les dents sur le vieux Beethoven. De mesure en mesure, les musiciens se ressaisissent de leur devoir, peut-être de leur ferveur. L'appétit vient en musiquant. Lorsque la symphonie s'achève, l'orchestre tout entier semble à bonne température. Il va pouvoir aborder

diverses œuvres modernes et les jouer convenablement. Je ne demande pas mieux.

Mais, au vrai, je ne peux dire que la fin, quelle
qu'elle soit, me consolera du début. Je ne peux
dire non plus que l'ardeur touchante du grand
public innocent m'abuse une seule minute sur la
qualité de la nourriture qu'on lui sert. Pour aller
au fond des choses, cette expérience d'un soir
vient de réveiller en moi le démon de la querelle.

Qui sont donc ces musiciens ? Oh ! des artistes
d'élite, ce qu'on peut trouver de mieux dans le
peuple parisien. Et leur chef est un homme instruit, bien évidemment, et qui sait son métier.
Alors, quel maléfice a donc gâté notre fête ?

Ce qui gâte notre fête, c'est que ce n'est pas
une fête. C'est une séance administrative tenue
par des fonctionnaires fatigués. Ils remplissent
leur devoir, qui est de donner du plaisir ; ils ne
sont pas, aux termes du contrat, obligés d'en
éprouver eux-mêmes, d'abord parce que c'est fati-
gant d'éprouver du plaisir, ensuite parce qu'on ne
peut sans danger en éprouver trop souvent.

J'ai souvent guerroyé contre l'abus inhumain
de la musique mécanique. Je m'en voudrais
d'avoir à critiquer un jour la bonne musique « à la
main », la sainte, la pure musique. Mais qu'elle
reste sainte et pure ! La musique m'a toujours fait
songer à la prière. Mieux vaut, pour une âme
noble, ne pas prier chaque jour si l'on doit prier
mal et sans élévation véritable. Il ne faut pas que
Dieu devienne jamais un de ces vieux amis à qui

l'on n'a plus rien à dire et devant qui l'on s'endort en ruminant les gazettes.

VII

Je viens de faire un voyage bref et délicieux. Je suis allé passer la soirée dans une ville du Nord, avec la Société des Instruments anciens. Pendant une heure d'horloge, pas moins, j'ai, moi, très indigne, confessé mon amour de la musique et célébré cet art sans lequel notre vie serait fort misérable. Après quoi les musiciens ont, avec beaucoup de grâce, accompli plusieurs miracles. Cependant, j'avais quitté la scène et j'étais allé m'installer dans la salle pour y goûter un plaisir parfait, paisible et, somme toute, mérité.

Ce plaisir me fut octroyé, qu'on le sache. Il se trouve qu'il fut accompagné, orné, soutenu de réflexions qui ne sont pas sans rapport avec le grand désordre où se débat notre société moderne.

J'aime les instruments anciens. La famille des violes est, relativement à celle du violon, qualifiée féminine. C'est sans doute parce qu'elle est, quant à la quantité des timbres, plus discrète, plus réservée, plus délicate que l'autre. Pour cette raison même, elle se trouve aujourd'hui détrônée. Notre siècle semble ignorer que la musique vit plus près du silence que du tumulte. Les excès de la quantité pourraient tout corrompre, même l'orchestre. Non, non, la vraie musique, celle qui nous fait songer à l'harmonie des sphères, à l'harmonie de l'éternelle béatitude, la vraie musique est faite d'un silence admirable, brodé de très peu de sons. Pour cette raison, entre beaucoup d'autres, j'aime le quinton, la viole d'amour, la viole de gambe et le clavecin, tous ces instruments dont l'effusion exquise nous donne le sentiment, assez rare aujourd'hui, de l'aristocratie véritable. Je m'empresse d'ajouter, pour messieurs les démagogues, qu'une telle aristocratie est celle de l'âme : il y avait, dans la salle, des écoliers, des soldats de la garnison, beaucoup d'autres petites gens, comme il paraît que l'on dit. Ils écoutaient dans le recueillement et la jubilation. Ils faisaient donc partie de mon aristocratie.

Non content d'écouter, et cela pouvait suffire, je regardais avec enchantement le groupe des Casadesus, j'admirais la famille humaine en même temps que la famille instrumentale. J'admirais ce petit groupe disposé, comme sur les images, dans une ordonnance propice à la communion. Ils ont grandi côte à côte. Ils ont toujours joué ensemble. Ils se comprennent, par l'effet d'un instinct vital et même héréditaire. Un regard, un souffle, une pensée que rien ne traduit, et les voilà partis, comme un vol d'oiseaux en plein ciel. Plaisir de l'ouïe, plaisir de l'œil.

Et soudain, plaisir de l'intelligence qui découvre une vérité.

Les instruments de la famille des violes se distinguent de leurs frères masculins par divers dispositifs. Le quinton a cinq cordes, la viole de gambe (ainsi nommée parce que, comme le violoncelle, on la tient entre les jambes) a six cordes. Et la viole d'amour quatorze, ce qui permet nombre de combinaisons polyphoniques. La forme de chaque instrument est aussi particulière. Le quinton est plus court que le violon, la viole de gambe plus courte que le violoncelle. Mais les principes généraux sont les mêmes : la forme générale est celle du violon, symbole de la musique, symbole que, malgré le pick-up, les machines à vacarme, les sifflets à roulette et autres instruments de torture, symbole que l'on peut considérer comme immortel.

Je regardais ces instruments qui, depuis plusieurs siècles, ont si petitement changé. Je les regardais avec reconnaissance et j'aurais voulu les remercier, c'est-à-dire remercier ce qu'ils représentent à mes yeux et l'esprit qui les habite.

Il m'arrive parfois de rencontrer des architectes audacieux qui rêvent de faire des maisons sans fenêtres, des escaliers sans marches, des murailles sans assises, enfin « du nouveau », ce que l'on appelle du nouveau. Il m'arrive de rencontrer des médecins illuminés qui songent à quelque chose d'extraordinaire comme la chirurgie par téléphone. Il m'arrive de rencontrer des politiques téméraires qui rêvent obstinément de détruire l'univers entier afin de le recommencer d'une manière complètement nouvelle. Je voudrais leur dire à tous : « J'aime le nouveau, comme tout le monde. Faites donc œuvre nouvelle, mais allez, de temps en temps, contempler une viole ou un violon. Songez que l'industrie, cette industrie moderne dont le moins qu'on puisse dire est qu'elle se montre intempérante, n'a pas trouvé moyen de modifier un instrument aussi vénérable, si ce n'est dans le détail. Cela signifie qu'il faut, à peine de folie, conserver ce qui, dans le monde, a donné preuve d'excellence, et le modifier prudemment. Le reste, je vous l'abandonne. »

VIII

Eh bien, non ! Assez de musique ! Assez, veux-je dire, de cette musique misérable que l'on prodigue et, pis encore, que l'on impose au voyageur sur toute la face du monde ! Je ne parle pas de la musique mécanique, encore que je n'aie pas fini d'épancher toute la rancune que j'éprouve à son endroit. Je parle de ce bruit chétif pour la confection duquel on mobilise, dans les hôtels et sur les paquebots, de braves gens qui pourraient, en des circonstances plus heureuses, se manifester comme d'honnêtes musiciens.

« Dis-moi ce que tu écoutes, et je te dirai qui tu es. » La foule que l'on voit dans les palaces flottants et terrestres, cette foule qui exige, quand il s'agit de l'estomac ou de l'arrière-train, le meilleur caviar et le fauteuil le plus moelleux, cette foule, dans l'ordre auditif, absorbe, avec insolence, des mélanges douceâtres, écœurants, impudents, somme toute abominables.

Mon premier grief est d'inopportunité. Manger n'est pas petite affaire. Je consens que l'on cause en mangeant, car c'est un vieil usage. Mais que l'on ne me force point d'écouter, en outre, un orchestre. Ou bien ce que joue cet orchestre est bon, et je crie tout de suite au sacrilège. Quel rapport, je vous prie, entre le filet de chevreuil et le *largo* de Hændel ? Ou bien cette musique est médiocre : alors je demande grâce et qu'on me laisse manger en paix.

Mon second grief concerne l'invraisemblable manque de goût dont le client des établissements de luxe est jugé capable en tous lieux. Le client des grands navires et des restaurants fastueux doit se nourrir principalement, dans ses débauches auditives, de sélections, de mosaïques et, prononçons l'ignoble mot, de pots-pourris.

Je vois là, sans aucun doute, un signe des temps. Le client de luxe est, en principe, considéré comme non susceptible d'effort. Écouter une sonate entière ? Quelle gymnastique épuisante ! Prendre plaisir à une ouverture de Beethoven, à un trio de Schubert, à un quatuor de Mozart, ce sont là divertissements d'esthètes. Le voyageur de première demande, au point de vue sonore, une alimentation légère : quelques mesures prélevées, çà et là, sur les valses les plus célèbres du répertoire viennois, quelques lambeaux sommairement cousus de *Rip*, ou des *Cloches de Corneville*, quelques débris du *Cheval blanc*, quelques détritus de *Carmen*. Il se trouve qu'une telle nourriture est encore, à la réflexion, entachée de cohérence. Aussi le voyageur surpris, reçoit-il, le plus souvent, par l'oreille, une injection tiède et composite où Wagner et César Franck jouent parfois leur petit rôle entre Tartempion et Barnabé. Sublime synthèse !

Une fois, dans une très grande ville, je suis allé voir les musiciens et j'ai prononcé, à tout hasard, le nom de Jean-Sébastien Bach, pour faire une sorte d'expérience, l'expérience du désespoir. Les musiciens m'ont dit aussitôt, avec beaucoup de gentillesse, qu'ils avaient, dans leurs cartons, un « pot-pourri » du nommé Bach.

J'ai, sur des bateaux français, obtenu de la musique véritable. On me l'a jouée en fraude et de manière confidentielle. Les musiciens s'excusaient : « Voyez-vous, me disait l'un d'eux avec une sincère tristesse, si nous jouons en entier le trio en ut mineur, que vous avez demandé, il y aura des réclamations. Le public n'aime pas cela ».

Est-il vrai que le public n'aime pas cela? Je n'en suis pas bien sûr. Je crois, je veux croire que ce public somnolent est considéré par ses serviteurs comme beaucoup plus bête et beaucoup moins cultivable qu'il n'est en réalité. On pourrait, avec un peu d'audace...

Mais non, on ne pourrait rien. «Dis-moi ce que tu écoutes et je te dirai qui tu es»... C'est une bonne plaisanterie. Le public n'écoute rien et, surtout, il n'entend rien. Il se résigne à la musique des palaces et des bateaux comme à une misère obligatoire, une misère pour laquelle il a quand même payé, une misère de luxe à laquelle il a droit. Puisque l'on gaspille tout, les aliments, les boissons, le linge, les fleurs et les cigares, le voyageur comprend bien qu'il faut aussi gaspiller le bruit et qu'on ne peut pas, somme toute, ne point immoler la musique dans cette débauche générale.

Le voyageur débonnaire pense peut-être, au fond du cœur, «qu'un peu de musique, cela fait gai». Je ne suis pas de cet avis. Je trouve cette musique mortelle et, certains jours, funéraire.

«Si la musique est la nourriture de l'amour, qu'elle reprenne!», dit le duc Orsino, au début de *la Nuit des Rois*. Si la musique est la nourriture de l'amour, je pense que les clients des grands hôtels doivent se comporter comme des amoureux remarquables, car la musique ne leur est pas marchandée.

Je propose ici, très sérieusement, la formation

d'une ligue contre la profanation d'un art admirable entre tous. Nous exigerons du ministère de l'Éducation nationale — commençons du moins par la France — un décret interdisant la composition et l'exécution des pots-pourris, la prostitution des chefs-d'œuvre, le mélange des divertissements musicaux et des opérations alimentaires. Ce seront là, bien évidemment, les articles préparatoires d'un programme beaucoup plus ample. Et, comme il faut aller très loin dans sa profession de foi, nous tous qui chérissons la musique, nous prendrons comme devise : « Du silence avant toute chose ! »

IX

Voici deux mois déjà que tu nous as quittés, Doyen, vieil ami fraternel, et je veux t'évoquer ce soir, te faire paraître ce soir parmi nous, au milieu de cette foule fervente, de cette foule affectueuse, tout entière unie dans l'admiration de ton œuvre et le souvenir de ta personne.

La personne d'abord ! Comment pourrions-nous l'oublier ? Tu n'étais point de haute taille, mon ami. L'autorité ne te venait point de la carcasse, mais de l'âme. Pour rencontrer le regard de beaucoup d'autres hommes, ton regard devait

monter. Comme il montait bien ce regard
étrange, brumeux, chargé de rêve et de spiritua-
lité! Il suffit que je l'appelle pour qu'il brûle
encore une fois, ce regard tendre et farouche qui,
dans l'émotion, se voilait d'une rosée de sang, ce
regard qui semblait toujours attendre et demander.

Mon ami, je pèse ici les mots que je prononce,
les mots qui, par enchantement, vont te faire sortir de l'ombre où vivent ceux que j'ai perdus. Oui,
je le dis, car je le sais, ton regard demandait sans
cesse quelque chose. Il demandait un assentiment, il demandait de la confiance, de l'amitié, de
l'amour. Tous les hommes réclament de la
confiance et de l'amour. Mais ta requête était plus
pressante que toutes autres. Et pourquoi? Je vais
le dire.

D'abord parce que, plus que tant d'autres, tu
étais ardent à souffrir. Tu as vécu parmi nous un
demi-siècle. C'est peu et c'est beaucoup, oui, c'est
beaucoup pour une âme si vulnérable. Tu as vécu
sans jamais renoncer à combattre et tu y avais
grand mérite, car tout pouvait te blesser, tout
finissait par te blesser, ô le plus sensible des
hommes, ô mon ami mal défendu! Ils en savent
quelque chose tous ceux qui ont vécu près de toi.
Tu avais si grand besoin d'amour que tu semblais
toujours affamé, altéré, inassouvi. Ceux qui
t'aimaient sincèrement n'étaient pas toujours bien
sûrs de ne pas t'offenser un peu, contre leur meilleur désir, car ton rêve cherchait l'homme, à tra-

vers l'homme, derrière l'homme, un peu plus loin que l'homme.

Cette passion d'assentiment, j'en ai vite compris la cause. Il te fallait l'amour d'autrui, parce que tu tentais d'accomplir une grande œuvre, parce que, dans ton cœur, vivait une grande ambition.

L'ambition a bien des visages. La tienne en montrait un fort noble et c'est pourquoi je la salue. À l'heure où tant d'artistes vivent avec leurs dons dans une prudente intimité, tu as, toi, Doyen, souhaité de faire chanter des foules entières. Elles ont chanté. Elles chantent, elles chanteront longtemps encore. Que ton âme en soit heureuse ! Enfin, ambition suprême, à l'heure où tant d'artistes sollicitent le succès par de petites œuvres habiles, tu as édifié lentement de grandes œuvres courageuses.

Quel exemple, Doyen ! Quel enseignement, à cette heure du monde ! Je veux proposer cet exemple, ce soir, puisque ta grande voix retentit parmi nous, à nos enfants qui t'écoutent, à mes fils, à mes neveux, à tous mes jeunes amis, à tous ceux qui se présentent au seuil de la destinée. Je veux leur proposer ton exemple et leur faire comprendre ainsi que la seule façon, pour nous, de justifier cette vie mystérieuse, inexplicable, pendant qu'elle nous est donnée, c'est de l'emplir de ferveur et de labeur magnifique. Autrement ce n'est pas vivre. Et tu le savais, Doyen.

X

Action de grâces pour le deux-centième anniversaire
de la mort de Jean-Sébastien

Je dis qu'il est le compagnon de ma vie celui
dont je devine toujours la présence à mes côtés,
présence aussi réelle et souvent bien plus réelle
que ne le serait celle d'une personne vivante. Je
dis qu'il est mon guide et mon ami celui qui sait
m'alléger dans mes épreuves, jeter des lueurs dans
mes ténèbres, répondre à mes pensées les plus
secrètes, celui qui m'encourage et m'exauce pendant que j'avance à tâtons parmi les ombres et les
phantasmes de notre monde incompréhensible.

Compagnon de toute ma vie? Non, malheu-
reusement. Il n'était pas présent à ma naissance,
comme il le fut, par la suite, à la naissance de mes
enfants et petits-enfants. Il n'a pas, avec ses
rythmes vifs, exalté mes plus jeunes années. Mes
parents, tout occupés qu'ils étaient d'une première ascension dans le savoir, n'avaient pu nous
introduire à la connaissance des maîtres musiciens. Jean-Sébastien Bach est l'une des
conquêtes de ma vingtième année. C'est bien
environ ce temps que, cherchant à l'aventure
dans l'univers de la musique, j'ai découvert un
monde, celui de Bach, un esprit merveilleusement créateur et, si j'ose dire, prodigieusement
«architecte». L'esprit de Bach, enfin une âme

humaine, un cœur humain dont la charité me fut et me demeure inépuisable.

Pourrais-je laisser croire qu'à peine salué, Jean-Sébastien prit aussitôt, dans ma vie intellectuelle et affective, cette place d'élection qu'il occupe aujourd'hui ? Certes non. J'aimais alors tout ce que je trouvais beau. Il me semblait que le Panthéon des maîtres-musiciens n'aurait jamais assez d'autels pour ma ferveur. Je reconnaissais pour mes bienfaiteurs tous ceux qui pouvaient m'apporter quelque chose, m'apprendre quelque chose, donner à mes joies, à mes espérances, à mes défaillances, à mes douleurs, du retentissement, des échos.

Ainsi, pendant de longues années, ai-je vécu nourri de musique, ivre de musique. Puis, ma laborieuse élévation me permettant de voir chaque jour un peu plus loin, j'ai mis de l'ordre, à ma façon, dans le concert des prodiges. Tous ceux qui méritaient d'être admirés le sont toujours, et chacun d'entre eux est appelé ou en témoignage ou à l'aide, selon l'heure ou les besoins ; mais je sais, maintenant, que Jean-Sébastien Bach, compagnon préféré de mon âge mûr, ne m'abandonnera pas pendant les dernières épreuves de mon voyage.

Il était auprès de moi, déjà, au début de ce siècle tourmenté, quand je m'essayais au bonheur avec tant de confiance, tant de bonne volonté. De chères voix musiciennes, dont plusieurs se sont éteintes, retentissaient dans ma maison. C'était le temps des cantates et des cantiques, de ces mélodies si pures qui sont demeurées fidèles, car Jean-Sébastien n'a rien à craindre de la lassitude. Cantates et cantiques m'ont accompagné dans les travaux et les tribulations de la Première guerre mondiale. Puis le trésor s'est enrichi. J'ai rencontré des musiciens. J'ai fait, à la faveur des temps de repos, connaissance avec les sonates pour violon seul, avec les sonates pour piano et violon, avec les concertos. Un peu plus tard encore, ayant moi-même appris à jouer d'un instrument, j'ai franchi le seuil de mon maître ; j'ai commencé de lire les sonates pour flûte, le fameux concerto brandebourgeois au long duquel la flûte et le violon s'entretiennent avec le piano.

Oh! nous étions tous des amateurs fort timides, mais des amateurs pleins de passion. Les événements qui nous emportaient sont à jamais marqués par la musique de mon maître. Telle phrase de la *sonate en la* fait surgir de l'ombre le regard d'un soldat blessé à mort, telle autre ne se présente à mon esprit que soutenue et couverte par le bruit de la canonnade. Que je chante la *Cantate de la Pentecôte*, et je me sens encore soulevé par les vagues d'espérance qui nous annoncèrent la paix.

Durant les vingt années de cette paix frémissante, menacée, nous eûmes, les miens et moi, le temps de poursuivre des explorations vagabondes dans notre bibliothèque musicale. Et c'est alors que Bach nous apparut dans toute sa gloire. Que le vieux cantor nous pardonne s'il nous est arrivé de le jouer parfois de façon maladroite. Il ne pouvait douter de notre amour. Il nous eût plutôt donné quelques conseils paternels.

L'œuvre de Bach est si magnifique et si diverse qu'elle répond à tous les mouvements de l'âme, et en toutes les circonstances. Elle peut donc nous recevoir, nous accueillir, avec nos émotions, nos désirs, nos vœux. Elle n'est pas autoritaire, comme la musique du maître de Bayreuth. Elle nous saisit comme nous sommes, faibles, hésitants, soucieux, désemparés, et elle nous invite au dialogue. Si l'on ne me laissait qu'un mot, un seul mot pour qualifier cette musique, je dirais qu'elle est généreuse.

Nombre de personnes, qui connaissent mal l'œuvre de Jean-Sébastien, ne voient en elle que d'étonnantes constructions, de savants exercices d'algèbre musicale. À ceux-là, je dirai : cherchez mieux et vous trouverez tout dans l'œuvre de notre maître ; vous trouverez aussi de la tendresse, de l'ironie, de l'humour, et même de la gaieté, de la sensualité, de la gentillesse ; enfin et surtout vous trouverez la douleur humaine la plus pathétique. Il me souvient de mon étonnement puis de ma gratitude quand, lisant pour la première fois la cantate *« O holder Tag »*, je découvris cette déchirante romance qui se chante avec accompagnement du violon et du hautbois d'amour. Après bien des années, c'est toujours cette mélodie qui, la première, s'élève des profondeurs, quand je me sens sur le point de succomber à la lassitude et à l'angoisse.

Nous ne pouvions pas croire que la Seconde guerre mondiale ajouterait quoi que ce fût à notre gratitude pour celui qui, déjà, entre tous les musiciens, avait été choisi par nous comme un maître à vivre et un maître à souffrir. Et pourtant, dès le début de l'affliction, nous comprîmes, les miens et moi, que, plus sûrement que jamais, Bach serait notre refuge, le réduit de notre vie intime.

Mes enfants avaient accoutumé de se réunir, le soir, au moins une fois par semaine, avec leurs cousins et leurs amis, pour jouer de la musique et chanter en chœur. Bien vite, ils consacrèrent ces heures bénies, ces heures délivrantes à la musique religieuse. Beaucoup de maîtres se trouvaient appelés à l'aide; Bach domina bientôt et orienta ces exercices. Le grand *Magnificat en ré,* la *Cantate de Noël,* l'*Oratorio de Noël, la Messe en si* — oh! que l'ambition soit pardonnée à la ferveur! — oui, la *Messe en si* elle-même... Telles étaient les œuvres auxquelles nos jeunes gens, en ces heures dramatiques, demandaient l'élévation et le salut. Et nous, le cœur serré, nous regardions tous ces beaux et nobles visages, ce petit groupe exalté dans lequel la mort allait bientôt frapper avec une aveugle fureur.

La paix est revenue, incertaine, hantée. Jean-Sébastien Bach est demeuré parmi nous. Il avait été présent, naguère, au mariage de mes fils, il veille, dirait-on, sur la nouvelle floraison des petits-enfants.

J'ai recommencé de parcourir le monde, pour y célébrer notre civilisation si belle et si fragile. Sur terre, sur mer et dans le ciel, j'emporte avec moi cette musique familière et sublime, cette musique qui ne m'a jamais fait défaut et que je trouve toujours à la mesure de l'événement.

Quand il m'arrive d'aller au loin avec la compagne de ma vie, de quitter mon foyer pour plusieurs mois, je demande à nos enfants de préparer, en attendant notre retour, un chœur choisi par moi, dans mon trésor, et qui sera ma récompense quand je retrouverai les miens, quand je reverrai ma maison.

Au moment de partir pour l'Amérique du Sud, en 1947, je dis donc à mes fils qu'en revenant j'aurais plaisir à leur entendre jouer et chanter *la Cantate de Pâques*. Puis je me mis en route et, pendant près de trois mois, je fis tous mes efforts pour porter avec diligence le message dont je me trouvais chargé. Un jour vint où nous touchâmes au terme de notre voyage : nous avions fait tout ce que nous avions à faire, nous étions à Santiago du Chili ; nous allions, à midi, reprendre l'avion pour gagner Buenos-Aires, puis Rio, Dakar et la France.

C'était un dimanche. À la fin de la matinée, nous fûmes informés que l'avion avait du retard et qu'il ne partirait, selon toute vraisemblance, qu'à la chute du jour.

Les bons amis qui nous entouraient nous dirent : « Vous ne devez pas vous irriter ou vous fatiguer dans l'attente. On va donner, à deux pas d'ici, un concert dont le programme est excellent. Il y aura des chœurs. Nous allons trouver des places. Allons entendre la musique tous ensemble. »

Évidemment, il n'y avait rien de mieux à faire, et nous gagnâmes la salle du théâtre. Le concert commençait par une œuvre mineure de notre Bach. Après quoi, selon le programme, nous devions entendre une cantate désignée par un numéro. Je ne pris pas garde à ce signe. Les cantates sont nombreuses, il y en a beaucoup plus de trois cents. J'étais sûr d'éprouver du plaisir. Quel ne fut pas mon étonnement quand, l'orchestre et les chœurs ayant rompu le silence, j'entendis venir vers moi les premières mesures de musique : c'était *la Cantate de Pâques*, c'était justement cette cantate que j'avais prié mes enfants de préparer pour mon retour. On sait que la mort du Christ est le sujet de cette œuvre. On sait que la partition tout entière repose sur une seule phrase admirable et sur les développements de cette phrase. Ainsi donc une cantate avait été choisie par les musiciens chiliens, parmi des centaines de cantates, et c'était exactement celle que j'avais si grand désir d'entendre, celle que j'avais demandée en récompense de mon effort. Les larmes, dans l'ombre, coulaient sur mon visage.

S'il m'est donné de mourir parmi les miens, je

fais des vœux pour que la pensée de Bach soit avec moi, autour de moi, sur moi. Il me serait doux d'entendre alors le chœur final de *la Passion selon saint Jean*. Ce chœur m'a toujours fait songer aux amples vagues, aux profondes vagues humaines qui, de générations en générations, portent plus loin la pensée chrétienne à travers la nuit des siècles.

Si je dois succomber loin de mon lieu par excellence, loin de ma maison, loin de ceux que j'aime, que la force me soit donnée de chanter tout seul, de chanter sans voix, au moins dans le secret de mon cœur, ce chant sublime que Jean-Sébastien a composé pour mon repos, pour mon illumination, pour ma délivrance, pour mon salut, ce chant qui est si bien et depuis si longtemps mêlé à mes pensées que je ne suis plus capable de l'en distinguer toujours, ce chant que tout le monde chante, que tout le monde chantera, et qui est quand même un secret entre Jean-Sébastien et moi.

V

LE VIRTUOSE PARMI NOUS

L'existence du virtuose parmi nous, parmi les hommes, l'existence du virtuose, monstre délicieux, soulève bien des problèmes. Hâtons-nous de considérer quelques-uns de ces problèmes pendant qu'ils sont en activité. Les problèmes posés par la vie participent de la vie : ils naissent, grandissent et meurent. Ce n'est pas toujours la solution, c'est-à-dire l'éclaircissement qui fait mourir de tels problèmes. En biologie, en psychologie, en politique, c'est-à-dire dans les sciences de la vie, les solutions, même ingénieuses, déplacent les problèmes, les animent et souvent les exaspèrent. Les solutions sont donc rarement des solutions. Dans les sciences que je viens de nommer, les problèmes meurent, le plus souvent, de lassitude et de vieillesse.

Hâtons-nous d'examiner quelques-uns des problèmes posés par le virtuose, car il n'est pas fou d'imaginer que ces problèmes pourraient disparaître, un jour, en même temps que le virtuose et la virtuosité.

Je remets à tantôt d'examiner les conditions

déterminantes d'un tel malheur et je prends la glose à son commencement.

Qu'est-ce qu'un virtuose ? Que signifie le mot de virtuose ?

De toute évidence, le mot de « virtuose » vient du latin *virtuosus* qui veut dire vertueux, lequel vient lui-même directement de *virtus* (vertu) lequel mot a pour racine le mot « vir » qui désigne l'*homme*, le mâle courageux.

Il apparaît tout de suite que le virtuose est celui qui possède une vertu remarquable ou, pour mieux dire, éminente. Littré se prononce en ces termes : « Virtuose, personne habile en quelque genre que ce soit ».

Nous pouvons, provisoirement, nous contenter de cette définition modeste, quitte à la reviser, à la compléter plus tard.

Le mot vertu, lui-même, est capable de plusieurs acceptions. Vertu signifie courage. Vertu signifie encore : « Qualité particulière ». Dans ce dernier sens, on peut considérer qu'une vertu est ce que l'on appelle un don.

Certes, le virtuose est toujours, est nécessairement l'être qui a reçu le don. Comment le reste des hommes n'en serait-il point frappé ? Parfois, le don est vraiment miraculeux. Un petit pâtre, avec son couteau, sculpte des figurines. Passe un artiste au cœur généreux qui ne manque pas d'être arrêté par une disposition si remarquable. Il prend l'enfant sous sa protection, le fait instruire. Et voilà que, tout à coup, l'enfant dépasse les maîtres qu'on lui a donnés. Il s'élance, il s'élève, il devient un prodigieux génie. L'histoire des arts est faite de ces légendes merveilleuses, et l'histoire de la musique en est particulièrement riche. C'est que le sens de la musique échappe aux déterminations ordinaires. Des hommes de grande valeur, favorisés parfois d'un génie sublime, ont marqué de cent façons qu'ils n'entendaient rien à la musique. Certains ont fait, pour être touchés de la grâce, des efforts courageux et souvent inefficaces, alors que tel bambin, né dans une famille qui ne montrait aucune disposition particulière, semble tout de suite baptisé par les divinités harmonieuses.

Parfois le don n'est pas étroitement individuel : il intéresse toute une famille et, si l'on peut dire, toute une dynastie. Le phénomène, qui semble, de prime abord, plus naturel, n'en est pas moins miraculeux. Le don n'est pas moins admirable parce qu'il est héréditaire. La tribu des Bach éblouit le monde à travers plusieurs générations. Quoi d'étonnant si cette race de maîtres produit un jour le maître par excellence ?

Le don, la vertu particulière, n'entraîne pas toujours d'autres mérites. Le futur artiste semble parfois un enfant médiocrement favorisé. Il se peut que ses frères, ses parents, ses amis, le considèrent d'abord avec indifférence ou dédain, soit qu'il se montre lent aux exercices du corps, soit qu'il manque d'agilité dans les études ordinaires. Mais, un jour, le don se manifeste. Le rayon lumi-

neux s'oriente et vient éclairer le jeune visage.
Soit par hasard, soit par le jeu normal de l'éducation, l'enfant se trouve soudain sur les marches de
son vrai temple. Il aperçoit l'instrument qui sera
son instrument. Minute poignante. L'enfant
contemple le piano, devant lequel il se trouve
pour la première fois, il le regarde non pas
comme un appareil curieux et amusant, susceptible de faire du bruit, mais comme un être familier, tout de suite amical, tout de suite intime,
comme une partie de soi-même qu'il attendait,
qu'il salue et reconnaît dès la première minute. Il
s'assied, promène sur le clavier des doigts délicats, subtils, inspirés. Dès cet instant, il apparaît,
au regard des autres, comme favorisé d'une grâce
extraordinaire. Ceux qui, jusque-là, le considé-
raient avec indifférence ou mépris sont frappés de
respect. Ils comprennent obscurément qu'une
invisible colombe vient de descendre et de se
poser sur cette tête innocente. Ils retiennent leur
souffle pour laisser le mystère éclater et s'accomplir.

Le don de la musique n'est sans doute pas plus
exceptionnel que les autres dons artistiques, mais
il frappe davantage l'esprit populaire : il est plus
évident et plus séduisant. Une rare disposition
pour les choses de la poésie suscite quelquefois la
risée du vulgaire, parce que la poésie est l'art des
mots, parce que les hommes les plus rudes se servent des mots et pensent avoir, sur cette matière,
quelque droit et en cet usage quelque expérience.

Mais la musique intimide le profane. Elle suppose, outre le goût, une science fort exacte et une prestidigitation qu'il est impossible de contrefaire. Pour le grand public, le génie musical est au premier rang de tous et le virtuose musicien est le virtuose par excellence, l'être qui, manifestement, a reçu la visite de l'ange.

Ce don qui, dès la première heure, éclate et saisit l'assistance étonnée, ce don va, d'ailleurs, donner d'autres signes irréfutables. Le miracle va se reproduire et se développer. Le futur virtuose, introduit dans la carrière, y brûlera les étapes. Il montrera tout de suite que les méthodes ordinaires ne sont pas pour lui. Tout de suite, il réussira en maints travaux sur lesquels des êtres moins doués pâlissent et se consument. D'un pas sûr et rapide il se dirige vers les sommets où seuls se meuvent et vivent de très rares privilégiés.

*　*　*

Cette notion de la grâce divine, du don exceptionnel éblouit si vivement l'imagination des profanes qu'elle pourrait faire oublier d'autres aspects du problème.

Le véritable amateur de miracle exige le miracle pur. Il n'admet guère le merveilleux tempéré. Pour lui, le virtuose est celui qui exerce un pouvoir magique, celui qui, naturellement, surmonte avec une allégresse infaillible certaines épreuves dont, même en s'y préparant par toute une existence de labeur, les autres ne se tirent presque jamais.

C'est vrai, le virtuose nous déroute. Je veux dire qu'il nous pousse hors de l'ingrat chemin. Il nous déroute parce qu'il semble nous inspirer le dégoût du travail.

La virtuosité sans effort, voilà sans doute une vue fort ingénue de la vérité humaine. Cette idée de la science infuse nous plaît parce qu'elle nous aide à concevoir Dieu, l'être qui sait tout, comprend tout, est capable de toute entreprise et de tout achèvement.

Or l'histoire du virtuose est presque toujours, pour qui la connaît bien, l'histoire d'un long et patient effort. Ce petit garçon que nous voyons s'avancer sur la scène, devant la troupe ordonnée de l'orchestre, cet enfant qui s'assure sur ses jambes nues, brandit son violon minuscule et joue soudain quelque concerto difficile avec une précision et une grâce presque surhumaines, ce bambin de dix ou douze ans a déjà, en ce qui concerne l'effort et la discipline, une expérience mélancolique et dont un homme accompli pourrait tirer quelque fierté.

Cette belle jeune femme qui se lève, se détache du clavecin et s'incline sous les applaudissements d'une foule comblée, elle semble faite pour vivre entre ciel et terre, dans l'entretien des esprits souverains, dans la joie du perpétuel triomphe. Mais, pour verser à l'auditoire cette ivresse délectable, elle a passé, dans la retraite et la peine, des heures innombrables dont le total fait beaucoup de pesantes années.

Ce vieux maître dont le front s'incline sous le poids des couronnes, à le voir, on pourrait penser qu'il récolte le loyer d'une gloire ancienne et familière. Lui seul sait qu'il impose encore chaque jour à ses mains habiles, à son cœur, à son esprit, d'interminables épreuves. À ce prix seulement, il conserve la palme acquise jadis par d'exténuants efforts. Je l'ai dit, *virtus*, avant tout, signifie courage.

Point d'artiste sans don magique. Et point d'artiste sans labeur acharné. Que le don manque, et le travail se prodigue vainement. Que le travail défaille, et le don reste stérile. Qui reçoit un grand don reçoit en même temps de grands devoirs. Cette vertu miraculeuse, il faut, sans cesse, la féconder par le labour et les semailles.

J'ai connu des hommes dignes d'estime dans leur acharnement au travail. Ils avaient presque toujours la certitude honorable que le travail suffit à tout et vient à bout de tout. C'est peut-être vrai quand il s'agit de faire prospérer une maison de commerce ou de tirer profit d'une propriété rurale ; ce n'est sûrement pas vrai dans la déconcertante carrière des arts — ce n'est pas vrai, non plus d'ailleurs, dans la carrière de l'invention scientifique et en général dans tous les métiers où l'imagination tient quelque place—. Le virtuose est le bénéficiaire d'une éclatante injustice. J'ai connu des hommes — et ceux-ci plus nombreux encore que les premiers — des hommes qui se trouvaient favorisés de quelques dons vraiment exceptionnels. Certains d'entre eux faisaient à leurs dons une confiance téméraire, se refusaient à les discipliner, à les châtier, à les instruire. Ils échouaient finalement dans toutes leurs entreprises.

Cette règle du travail est si dure, si parfaitement austère que la vie du virtuose est presque toujours une vie de renoncement. La discipline, chez les apprentis, leur est d'abord extérieure, elle est imposée par l'entourage. Vite, elle devient intérieure et volontaire. L'artiste sent profondément que, pour porter loin et longtemps le fardeau magnifique dont il a reçu la charge, il lui faut sacrifier maintes joies et jouissances dont les autres hommes profitent librement. Pour voler très haut, il doit s'alléger et se purifier. Pour étonner le monde, il comprend vite que force lui est de résister à presque toutes les tentations du monde. L'école de la virtuosité est l'école de l'abnégation.

*   *   *

Voici donc les premières clartés que nous donne, sur le virtuose, un examen impartial et attentif : la chance divine d'abord, le labeur et le renoncement ensuite. À ce prix, le succès est-il du moins assuré ? Que non pas. Il faut que le virtuose rencontre son public. Il faut presque toujours qu'il crée son public.

Un grand virtuose, c'est donc un homme exceptionnel et c'est aussi, de par le monde, une foule d'âmes faites pour cet homme et capables de donner à cet homme son rayonnement et sa résonance. La lumière du soleil n'a pas de réalité effective dans les abîmes interplanétaires. Pour que cette lumière soit pleinement lumière, il faut qu'elle se réfléchisse sur la substance matérielle des mondes. Zarathoustra dit, au début de son aventure : « O grand astre, quel serait ton bonheur si tu n'avais point ceux que tu éclaires ? » On peut, sans inconvenance, poursuivre la pensée de Nietzsche et dire : « O grand astre, existerais-tu si tu n'avais point ceux que tu éclaires ? »

Ce talent reçu du ciel et cultivé, des années, au prix de peines si grandes, le voilà donc mûr, magnifiquement. Tout est dit ? Non, rien n'est dit ! Tout commence. Voici maintenant la partie la plus chanceuse et la plus décevante aussi de cette chanceuse et décevante carrière. Le public ? Il existe. Il a presque toujours existé. Plus justement, il existe un nombre plus ou moins grand d'esprits suffisamment cultivés et prêts à prendre en considération les vertus et les mérites d'un musicien. C'est le public de tous. Le virtuose va, dans ce public d'abord et, par la suite, autour de ce public, hors de ce public, trouver et ravir les éléments de sa famille personnelle. Malgré les légendes heureuses, ce n'est pas l'œuvre d'un jour. Un virtuose peut débuter par un succès brillant : il ne saurait, d'un seul coup, grouper cette famille d'esprits qui peuvent communier en lui. C'est lentement, au long des années, que cette famille se forme et prend conscience d'elle-même, de son goût, de ses besoins, de son plaisir. Je devrais, suivant mon propos, ajouter : prend conscience de son devoir.

Le public formé, le succès venu, l'artiste n'est certes pas au terme de ses épreuves. Il lui faut donc, à peine de disparaître comme une vapeur ou un reflet, il lui faut entretenir la flamme qu'il a fait naître.

La gloire du virtuose est souvent capiteuse. Qui n'en serait enivré ? Regardez cette foule conquise, regardez cette foule pâmée ! Elle est vraiment belle à voir. Ce n'est pas la tourbe éruptive des réunions politiques. Non, ce n'est pas la clientèle de messieurs les orateurs. Ce n'est pas non plus — grâce au ciel ! — la plèbe animale que l'on voit aux combats de boxe, aux courses de taureaux, dans les stades, au bord des pistes, cette multitude sauvage, affolée par la vue des muscles, l'odeur de la sueur, le fumet du sang. Ce n'est pas non plus la foule du théâtre, avec ses réactions vives, ses passions qu'un mot réveille et fait flamber. Ce n'est pas non plus la foule somnolente du cinéma. Non, la foule du concert, du moins quand elle est contente, donne à penser que l'élite n'est pas une réalité légendaire, que les hommes peuvent quand même s'assembler sans déchoir et que l'enthousiasme peut toucher un grand nombre d'âmes sans glisser nécessairement à la grossièreté. Quand elle est heureuse, la foule des concerts est, sans conteste, le modèle des foules, je veux dire la foule à laquelle on peut se mêler sans honte et sans remords. C'est une foule qui sait parfaitement se taire, parce que le silence est la rançon du plaisir, une foule qui sait se réjouir vivement sans bassesse, une foule qui sait exprimer sa gratitude avec libéralité. La volupté que prodigue la musique est en partie intellectuelle et en partie — en grande partie — sensuelle. Le mélange de ces deux éléments fait que la foule du concert peut connaître les transports sans perdre la dignité.

Regardez-la donc. Elle applaudit, elle soupire, elle râle doucement. Elle demande quelque surcroît de félicité. Elle va, tout à l'heure, se dresser sur ses milliers de jambes et tendre des milliers de bras reconnaissants vers le personnage extraordinaire qui lui procure une délectation si rare.

En vérité, nul homme au monde sinon le virtuose ne reçoit, des autres hommes assemblés, plus touchante et plus libérale manifestation de gratitude. Le savant qui expose, dans un amphithéâtre, le résultat d'expériences dont l'humanité peut attendre le salut, ce savant est accueilli par quelques discrets applaudissements, par un murmure d'approbation respectueuse. Mais le virtuose qui, devant une salle frémissante, joue pour la centième fois de sa vie la *Sonate à Kreutzer* ou les variations de Beethoven sur un thème de

Hændel, ce virtuose jette souvent son public dans le délire et les transes.

On aimerait à saisir les causes profondes, les mobiles secrets d'une exaltation si belle.

Pour découvrir ces causes, je vais tenter d'analyser mon plaisir personnel.

Les hommes et les femmes qui forment la foule du concert ont, presque tous, une culture musicale. Ils ont entendu beaucoup d'artistes et comparé bien des mérites divers. Ils ont, en outre, souvent, une expérience personnelle de la technique vocale ou instrumentale. Ils ont, par exemple, dans leur jeune temps, pris des leçons de piano, de violon, de violoncelle. Ils ne sont pas sans clartés précises sur les difficultés particulières à telle sonate ou à tel concerto. On dit parfois : les poètes ne sont lus que par les poètes. Je dirai de même que le vrai public des concerts est essentiellement composé de musiciens. Les purs auditeurs, les mélomanes sincères et sans culture ne sont pas rares, sans doute ; mais ils deviennent bien vite des techniciens et parfois même des virtuoses de l'audition.

Presque tous les auditeurs d'un concert ont des vues non seulement sur le sens et la substance de la musique mais encore sur les difficultés de l'exécution. Nombre d'entre eux ont, à certain moment de leur existence, abandonné l'étude. Ils ont cessé de prendre des leçons, ils ont même cessé de travailler seuls. Ils ont renoncé. Pourquoi ? Parce que la vie les accablait de soins.

Parce que, surtout, ils ne se trouvaient plus en état de se donner à eux-mêmes un plaisir de bonne qualité. Entre le virtuose et l'amateur disgracié, les degrés sont innombrables. Nombreux sont les hommes qui aiment la musique avec passion et qui, toutefois, n'ont que des aptitudes tout à fait médiocres pour l'exécution. Je ne crois guère aux destinées manquées, pourtant il n'est pas impossible d'imaginer qu'une aptitude miraculeuse pour la musique instrumentale, pour le violoncelle par exemple, demeurerait parfaitement inopérante et même inconnue si le sujet doué de cette aptitude se développait dans un milieu où jamais il n'aurait l'occasion d'entendre jouer du violoncelle, de voir et d'examiner un violoncelle. Si le virtuose existe et s'il se déclare, c'est parce qu'une foule d'amateurs s'évertue petitement. Des milliers d'enfants apprennent le violon — souhaitons qu'il en soit encore ainsi longtemps — et, soudain, l'un de ces enfants se détache du groupe et prend son élan, prend son vol.

Il faut traiter des tonnes de sable ou de terre pour obtenir une pépite d'or ou pour obtenir un diamant. De la même façon, il faut une foule d'amateurs sincères et plus ou moins mal ou bien doués pour obtenir un virtuose. La foule des concerts, la foule des musiciens qui viennent applaudir l'élu sait très bien qu'elle est une foule « virtuosifère ». C'est parce que nous étions beaucoup à bégayer avec ferveur que l'un d'entre nous s'est trouvé soudain désigné. Nous lui vouons notre admiration, sans doute, et lui nous doit son prestigieux mandat. Il est notre représentant, celui qui dit ce que nous ne savons pas dire. Il porte nos vertus. S'il est grand dans son art, c'est que tous nos efforts conjugués l'ont hissé lentement à cette place. Quand j'applaudis un virtuose, j'applaudis le dépositaire de ma propre virtuosité, de mon ardent besoin de virtuosité. Quand je célèbre un virtuose, j'exalte mon grand amour personnel de la perfection.

Le sentiment et le goût de la perfection doivent être comptés parmi les signes de l'homme. « L'homme est un roseau... » Faut-il traduire ou paraphraser Pascal ? L'homme est un être imparfait mais capable de concevoir la perfection. De toute part, moi, l'homme, je sens mes limites, mes manques, mes erreurs. Je comprends ce qu'il faudrait faire et ne parviens pas à le faire. Les hommes qui m'environnent sont imparfaits aussi. Leur imperfection m'irrite, la mienne me désespère. Elle me rapelle à tout instant l'infirmité de notre condition. Mais, soudain, voici le virtuose. Il est tout à fait possible qu'il soit, comme nous tous, un très pauvre et malheureux homme, chargé de fautes et pétri de faiblesses, mais il saisit son archet. Il caresse les cordes sonores. Et, soudain, il m'offre une image de la perfection. Il me rend sensible un des attributs de la divinité. Le virtuose joue et, ce faisant, il me donne confiance en moi-même. Je crie bravo et cela signifie : « Il ne faut pas désespérer de l'homme. Je ne veux pas encore désespérer de moi. »

Enfin, j'applaudis le virtuose parce qu'il me propose, de temps en temps, la juste mesure des chefs-d'œuvre. La musique est une des nourritures de l'âme. Pour le fervent de musique, nulle minute n'est vraiment dépourvue de musique. Même saisi de mille soins, l'esprit se chante à lui-même des chants qui forment l'accompagnement continu et, si j'ose dire, le contrepoids secret de la vie. Ce chant intérieur est fait parfois d'invention, plus souvent encore nourri par la pensée des maîtres. Je vis, pour mon compte, avec les chefs-d'œuvre dans une intimité qui pourrait être déformante. Ce que je fredonne tout le jour, ce n'est pas la *partita en ut mineur* ou le *rondo en sol*, c'est ma partita, c'est mon rondo. L'exécution du concert, l'entretien du virtuose, en d'autres mots, sont nécessaires, pour, de temps en temps, « remettre en forme » les chefs-d'œuvre, me donner l'occasion de confronter mon Mozart avec le Mozart d'un autre, peut-être même avec Mozart tout court.

*   *   *

Telles sont, à mon sens, les causes de mon plaisir, telle est la raison de ma gratitude. Et telle est, partant, la gloire du virtuose.

Cette gloire est l'une des plus frappantes et l'une des plus fragiles du monde.

Elle repose tout entière sur le jeu de quelques organes délicats. Une laryngite grave et l'extraordinaire cantatrice n'est plus un ange, mais une femme comme toutes les femmes. Le mal fond comme une bête de proie, et le danseur aérien n'est plus qu'une dépouille inerte. Un panaris osseux de l'annulaire gauche, et il n'y a plus de Jacques Thibaut. Une crise de rhumatisme, une portière brutalement fermée, et il n'y a plus de virtuose. J'entends que l'âme de tel parfait musicien se trouve soudain privée de truchement.

La gloire du virtuose est le présent d'une foule fervente et facilement ingrate. Cette foule, pour se rappeler un nom, pour connaître le son d'une âme et pour donner sa faveur, exige beaucoup de temps. Mais comme elle reprend vite son jugement! Une minute de déception et voilà cette foule toute prête à huer et à mordre. Elle était noble dans l'enthousiasme ; l'inassouvissement la rend féroce et grossière. Le plaisir faisait d'elle une élite véritable ; l'ennui la rend à toutes les fureurs grégaires. Les snobs ne sont pas les plus prompts au dépit et au dénigrement : l'amateur véritable, l'amateur instruit est souvent, plus que le snob, exigeant et versatile. Il porte volontiers au compte des virtuoses ses propres défaillances d'attention, de courage et de foi. Il est sans pitié pour les artistes dont la faiblesse, même furtive, le fait douter un seul instant de la musique et de soi-même.

Victorieux de tant d'épreuves redoutables, le virtuose ne peut guère compter sur les bonnes grâces de la postérité. Il meurt presque tout entier avec l'auditoire qu'il a si généreusement abreuvé.

Toutes sortes de préjugés travaillent contre les virtuoses et les virtuoses s'appliquent trop souvent à nourrir ces préjugés. Certains d'entre les artistes ne savent pas ou semblent ne pas savoir que la virtuosité pure cesse vite de nous étonner pour nous étourdir et nous lasser bientôt. En vérité, l'homme n'est capable ni d'une longue volupté ni de beaucoup de miracles. La virtuosité pure, quand elle n'est pas soutenue par une ferme et forte pensée, glisse tout de suite à l'automatisme et ne nous exalte plus. De précieux dons, des années de labeur et voilà soudain que tout cela s'égare : l'ange musicien risque de nous amoindrir et de nous assommer.

Dans certains milieux étroitement intellectuels, les préjugés contre la virtuosité glissent à l'injustice et à l'absurdité. Je me rappelle certain concert du Châtelet qui comportait, avec plusieurs fragments de Wagner, un concerto de Jean-Sébastien Bach, joué au piano par une très jeune fille d'un talent parfait. Le public des galeries supérieures, ce public véhément dont le verdict a parfois tant de prix, eut la cruauté de s'opposer quelque temps à l'exécution de ce concerto, qui est une œuvre de la plus grande beauté, en criant : « Pas de petits prodiges ! » Le concerto fut joué quand même et ramena la sérénité dans l'assistance, heureusement. Je pense que cette prévention contre la virtuosité, surtout contre le virtuose précoce, tient à l'usage dérisoire que le virtuose mal conseillé fait parfois de ses rares vertus. Certains virtuoses s'attachent à de mauvais maîtres ou plus justement à de faux maîtres dont les œuvres creuses prêtent à la mise en évidence de ces qualités brillantes dont l'auditeur est si vite rassasié. Ces virtuoses maladroits justifient ainsi l'impitoyable pensée de Nietzsche sur les comédiens : « Ils ne croient qu'à ce qui fait leur succès ». Mais ce succès-là, plus que les autres encore, est, surtout en musique, superficiel et fugitif. Il n'en est peut-être pas ainsi du théâtre, puisque Sarah Bernhardt a pu, pendant tant d'années, mettre des dons merveilleux au service de très petits maîtres. L'habile tragédienne, qui devait pourtant sentir le danger de ses choix, jouait *Phèdre*, de temps en temps, pour se racheter un peu au regard du monde lettré.

Tous les vrais artistes le savent, la musique n'est pas faite pour le virtuose. C'est le virtuose qui est fait pour la musique et pour le service des maîtres. Ceux-ci, d'ailleurs, ont presque tous écrit, pour la virtuosité pure, quelque pages étonnantes. Ils ont marqué de cette manière que la virtuosité est une des conditons de l'art. Son plus grand mérite est de se manifester à point et de se dissimuler le plus souvent possible. Je me permettrai de citer ici l'opinion d'un personnage qui vit dans un de mes livres : « Le secret de l'art est de disposer d'une grande puissance et de ne s'en servir presque jamais ».

* * *

On n'imagine pas ce que serait une société policée sans ces êtres d'exception que l'on appelle des virtuoses. On imagine mal comment, sans le travail et l'influence des virtuoses, pourraient se constituer ces élites cultivées qui forment le public des concerts et, sans ce public, on n'ose penser à ce que deviendrait la création musicale, je veux dire l'art du compositeur.

Il est pourtant possible qu'un problème aussi grave se pose, pour l'humanité, dans les prochaines décennies. Je ne dis même pas les siècles futurs, car la question paraît assez pressante.

La musique a toujours eu partie liée avec la mécanique. Presque tous les instruments qui permettent d'émettre des sons musicaux et d'exécuter les textes des maîtres sont l'œuvre de constructeurs habiles qui n'ont cessé d'appliquer à leurs travaux les découvertes de la science mécanicienne. Ce qui est nouveau, dans les relations de la mécanique et de l'art musical, c'est l'intervention d'appareils susceptibles de reproduire et d'amplifier les phénomènes sonores.

Le premier résultat d'un fait, que l'on peut hardiment qualifier *révolution*, concerne les relations du « nouveau public » avec le virtuose.

Sollicités de jouer devant les appareils enregistreurs, les virtuoses ont accepté, pour diverses raisons qu'il est bien superflu d'examiner ici. À la faveur de cette surprenante diffusion, la voix des virtuoses s'est fait entendre très loin et très haut. Une grande foule de gens qui n'avaient jamais

entendu parler de Wanda Landowska et qui ne
l'auraient probablement jamais entendue, ont
acheté des disques enregistrés avec le concours de
cette admirable artiste. Voilà ce que j'appelle
exactement le « nouveau public ». Au premier
abord, il semble bien que ce nouveau public
représente une conquête et que la musique soit
redevable de cette conquête aux applications
mécaniques.

Cette conquête, à vrai dire, me semble balan-
cée par certains dommages et surtout par certains
périls. Le premier de ces périls concerne le sentiment de la perfection.

Le phonographe se doit d'être parfait. Il l'est
aisément. Non seulement il s'adresse aux meilleurs d'entre les artistes, mais encore il fait un
choix. De même que le cinéma qui tourne mille
mètres de bande pour en conserver dix ou douze,
le phonographe peut choisir entre plusieurs enre-
gistrements. Cette perfection du phonographe, au
lieu d'être stimulante et encourageante, comme
celle du virtuose vivant, est facilement découra-
geante. Elle l'est, en ce sens, que, pour nombre
de jeunes esprits, l'idée de perfection se trouve
mêlée à l'idée de mécanique. Il y a l'homme, d'un
côté, l'homme imparfait et qui accepte allégre-
ment de le demeurer, et, de l'autre côté, sont les
mécaniques, si naturellement, si nécessairement
parfaites. Cette tranquille démission de l'homme,
en ce qui concerne la perfection, me semble dan-
gereuse pour l'avenir de la musique.

Si je ne craignais pas d'employer une expression chargée, pour les âmes religieuses, d'un sens exprès et sacré, je dirais une fois encore que l'amateur de musique enregistrée perd, malgré tout, à la longue, le sens de la présence réelle. La perfection est l'affaire des mécaniques... Sans doute, à l'origine, y a-t-il un homme, un virtuose, un artiste exceptionnel. Les étiquettes des disques et la publicité des maisons d'édition ne se font pas faute de le rappeler. Mais cet homme est loin. On ne le voit pas, on l'oublie. Cette perfection mécanique perd facilement son caractère humain. Ce virtuose merveilleux, allons-nous, pour l'entendre une heure, faire beaucoup de chemin et dépenser beaucoup d'argent, alors que nous pouvons, cent fois de suite, l'entendre pour un prix modique, si nous consentons seulement à tourner la manivelle ou à brancher le courant?

Le virtuose est sans contact personnel avec son public phonographique ou même radiophonique. Or, ce qui fait le virtuose, ce qui le nourrit et l'élève, c'est l'attention, la chaleur, l'haleine et le regard de cette foule véhémente qu'il crée chaque jour et qui, chaque jour, l'inspire, le féconde, le crée aussi.

N'importe, disent les convaincus, le monde se transformera. Les relations ordinaires des artistes virtuoses et du public changeront. Les virtuoses s'habitueront à jouer dans la solitude. Ils imagineront, s'ils ne le voient pas, l'immense public futur, le public de leurs disques. Ils n'en joueront pas

moins bien. Le public, accoutumé, petit à petit, à
la perfection de la musique enregistrée n'en vou-
dra plus connaître d'autre et la musique y
gagnera. Nous en aurons fini bientôt avec les
enfants qui torturent encore des gammes à tous
les étages d'un immeuble parisien. Nous en
aurons fini bientôt avec les amateurs maladroits,
avec les massacreurs de chefs-d'œuvre. La musique sera parfaite, ou elle ne sera pas. Toute la
musique du monde sera engendrée par des virtuoses choisis comme les meilleurs et qui « pro-
duiront » sur une montagne, dans le recueillement et le silence, la musique incomparable que
les appareils distribueront ensuite dans le monde
entier.

Pour séduisante qu'elle paraisse, cette anticipa-
tion me semble absurde et, en ce qui touche la
musique, absolument funeste. Je l'ai dit, pour
qu'un virtuose apparaisse dans le monde, il faut
que des milliers d'enfants bégaient des doigts, sur
les pianos martyrisés, dans des milliers de maisons. Pour choisir les artistes exceptionnels qui
devront abreuver le monde, il faut précisément
avoir le choix, c'est-à-dire qu'il faut que les
artistes soient innombrables et les virtuoses eux-
mêmes, légion. Le jour que les honnêtes gens du
monde entier, renonçant à faire eux-mêmes leur
musique ordinaire, s'en remettront uniquement à
la diffusion mécanique, ce jour-là, je pense que la
musique mourra. Je suis bien sûr qu'elle mourra
pour revivre plus tard ; mais je plains du fond du

cœur l'époque disgraciée qui souffrira dans
l'intervalle.

C'est sur cet avertissement que je veux achever
un entretien qui se présente comme une apologie
pour le virtuose et pour la musique. Cette apologie n'est pas superflue, en un siècle d'inquiétude
où tant de valeurs spirituelles doivent résister
dans des tourmentes sans égales.

VI

ÉLOGE DE LA MUSIQUE DE CHAMBRE

Si l'on me demandait ce qui distingue, à mon sens, le monde occidental, ou plus précisément l'Europe de l'humanité asiatique et africaine, je répondrais sans doute : la polyphonie.

Entre l'Orient et l'Occident, nombreuses, variées, profondes, sont les différences. Mis à part quelques caractères physiques où se reconnaissent les races (nuances de la peau, aspects de la chevelure, structure du squelette), apparaissent d'abord les signes, somme toute extérieurs, par lesquels les civilisations se manifestent. Je ne crois pas que ces signes correspondent à des caractères irréductibles. La civilisation scientifique, dont l'Occident a tiré toute sa puissance temporelle, est-elle adoptée par les Orientaux ? Elle leur donne promptement ce qu'elle donne toujours : les armes, de l'orgueil, des ambitions, un grand empire et de grands embarras. Écartées donc les différences apparentes dues au vêtement, à l'armement, aux outils et aux machines, restent des dissemblances morales, plus ou moins secrètes, plus ou moins sensibles à l'observateur et qui s'expriment nécessairement dans les opérations de l'esprit, dans les méthodes et les œuvres de l'art.

Je tiens que la polyphonie est, par excellence, le caractère du génie occidental. Je n'affirme pas que ce signe soit éternel. Oublieux de leurs illustres traditions, des peintres japonais viennent en France, et apprennent, dans les académies de Montparnasse, les conventions et les recettes de notre art pictural français. Il est possible qu'un jour prochain les Orientaux se convertissent à la musique polyphonique, après s'être convertis à l'alphabet romain, par exemple. J'ose même croire qu'ils ont déjà commencé par la musique de jazz, qui, avec les cocktails, les pullmans et la cuisine d'hôtel compte parmi les plus sûres conquêtes de l'esprit international. Jusqu'à nouvel ordre, je vois, dans la polyphonie, une propriété de notre esprit et, si l'on y réfléchit, la raison suffisante d'un groupement humain, d'une classification.

Tout ce que je dirai de la polyphonie ne saurait donner à croire que je méprise la musique monophonique ou monodique des Orientaux. De vieux peuples en possession d'une civilisation raffinée, d'une culture traditionnelle ne sauraient être soupçonnés de barbarie parce que, dans la musique vocale ou instrumentale, ils s'en tiennent à l'unisson. Je n'ai pas une longue expérience des musiques orientales, j'en ai quand même entendu bien assez pour avoir la certitude que ces musiques vont, dans l'expression des sentiments, des passions et des idées, aussi loin et aussi profond qu'il est humainement possible d'aller. J'ai eu la chance d'entendre de très habiles chanteurs et instrumentistes, au Maroc, en Algérie, en Tunisie, en Égypte, en Extrême-Orient et de faire quelques observations. M. d'Erlanger, qui préparait, mais n'a pu donner avant sa mort, un ouvrage sur la musique andalouse ancienne, m'a fait entendre, dans sa villa de Sidi Bou Saïd, ses musiciens qui s'accompagnaient sur le rebab et chantaient le visage voilé. J'ai, dans toute l'Afrique du Nord, étudié ces extraordinaires orchestres composés presque entièrement d'instruments à percussion et où triomphe une musique étonnante que l'on peut dire purement rythmique et parfois polyrythmique, sinon polyphonique.

Le meilleur de ce que je sais sur la musique monophonique je le dois à Dilipp Curnar Roy, musicien insigne et chef de la plus illustre école moderne aux Indes.

J'ai rencontré Dilipp Curnar Roy, il y a une vingtaine d'années, à Lugano, et nous avons eu de longs et fréquents entretiens sur son art et ses projets. Dilipp Curnar Roy faisait alors, en Occident, un long voyage d'étude au retour duquel il a fondé son école. Il est revenu en Europe, il y a dix ou douze ans, et m'a fait l'amitié de chanter chez moi toute une soirée[1].

---

1. Exactement le 8 octobre 1930.

Je le revois, assis sur son petit tapis semblable au tapis de prière, et tenant bien droit, bien vertical, le luth à long manche dont il s'accompagnait. Il chanta d'abord des chants très anciens, des chants religieux qui, depuis des siècles, servent à célébrer soit la naissance des hommes, soit leurs fiançailles ou leurs noces, soit enfin les fêtes funèbres. Comme les musiciens de son pays, Dilipp Curnar Roy improvisait sur des thèmes illustres. Cette musique asiatique, n'étant point écrite, se conserve, comme jadis les chants de notre folklore, uniquement par tradition. Le dessin mélodique général demeure constant, semble-t-il, à travers les générations. Chaque chanteur l'apprend de son maître et l'enseigne à ses disciples. Chaque chanteur, ainsi lié par la tradition, garde toutefois la liberté d'improviser sur les thèmes et d'ajouter au génie classique les fleurons d'un génie nouveau.

Pour compléter cette belle et enrichissante soirée, Dilipp Curnar Roy nous chanta nombre de chants modernes, dus à l'inspiration de son père ou de ses aînés, puis certains chants dont il était l'auteur et qu'il avait composés selon les traditions les plus strictes. Enfin l'excellent musicien nous fit entendre quelques chants dans lesquels on pouvait discerner l'influence de la musique occidentale.

Toute cette musique était monodique. Le luth escortait fidèlement le chanteur. Dans certains chants modernes, il était toutefois possible

d'entr'apercevoir comme une ébauche de polyphonie, presque toujours caractérisée non par
l'octave ou la tierce, comme nous serions enclins
à l'imaginer, mais par la quinte.

Que la quinte soit, pour la musique hindoue, le
début d'une révolution artistique et de l'ère polyphonique, rien ne permet encore de l'affirmer. Ce
qui pourrait faire sortir les Asiatiques de la mono-
phonie, c'est l'écriture musicale, s'ils se mettaient à
l'adopter. On conçoit que la mémoire humaine
suffise à la transmission de chants mélodiques. On
conçoit même qu'elle conserve bien des polypho-
nies simples, comme le canon ou quelques accords
élémentaires et faciles à retrouver. Elle est sûrement impuissante à enregistrer fidèlement, dans
leur surprenante variété, les accords d'une polyphonie savante. Entre l'écriture musicale et la polyphonie, nous découvrons une relation étroite. Si la
musique orientale est demeurée monophonique,
c'est qu'elle ne s'écrit point. Elle a gardé, de ce fait,
une grande souplesse. Elle laisse à l'exécutant une
marge de liberté, une possibilité de création, si
j'ose dire, périphérique. Le moindre chanteur, le
plus humble musicien peut collaborer avec les
vieux maîtres, avec le génie même de sa race. Il est
libre autour de ses traditions. Je le répète, cette
musique est une forme élevée de l'art ; elle suppose
que tout homme qui chante est capable d'inspiration, sinon pour tout inventer, du moins pour
orner les vieilles charpentes. C'est, si je peux dire,
un art démocratique.

J'emploie ce mot pour l'opposer à notre musique aristocratique, à notre musique occidentale. Les créateurs d'Occident ont, dans les commencements, laissé certaines libertés, notamment pour les parties de basses, qui n'étaient pas rigoureusement fixées, pour les cadences, pour les ornements et appogiatures. Puis le génie musical est devenu de plus en plus exigeant et précis. Les créateurs, sûrs de faire à l'humanité des dons magnifiques, ont réglé par le menu toutes leurs dispositions testamentaires. Il existe nombre de pièces de Jean-Sébastien Bach dont le mouvement, le *tempo*, prête à de belles discussions. Cela n'est pas à craindre avec nos maîtres modernes qui fixent tout, sévèrement, donnent la valeur de la noire au métronome et indiquent pour chaque page, pour chaque ligne, pour chaque mesure, et le volume de son et le sentiment exact. La part individuelle de l'exécutant en semble diminuée, car les responsabilités s'accumulent sur le génie créateur. Si c'est un pur et grand génie, nous n'avons pas à nous en plaindre. La valeur de l'exécution ne s'en trouve pas diminuée : elle se réfugie dans la pureté, elle se sublimise dans la discipline. L'exécution, délivrée de certains soins, se donne plus amoureusement à divers problèmes que nous propose l'évolution même de la polyphonie.

*   *   *

Notre voix ne peut produire qu'une suite mélodique de sons. Notre oreille peut en percevoir plusieurs. Les chants émis dans le même temps, selon certaines règles ou conventions harmoniques, notre oreille les perçoit-elle tous ensemble avec la même application ?

La chronique dit que César, intelligence assurément polyphonique, était capable de dicter, en même temps, sept lettres à sept secrétaires. Qu'il nous soit permis de commenter la chronique. On imagine César non pas muni de sept voix indépendantes, mais guidant, ordonnant d'un mot, d'un tour, d'une pensée, le travail de sept scribes et ce, de manière apparemment simultanée, mais quand même successive, c'est-à-dire par passage rapide d'une affaire à l'autre, d'une idée à l'autre. Il n'y a pas, pour l'intelligence, possibilité d'opérations de même nature et parfaitement simultanées. C'est en volant très rapidement d'une opération à l'autre que l'intelligence donne l'illusion de la simultanéité.

Il n'en est pas tout à fait de même dans les phénomènes de la sensibilité. Il nous est possible de recevoir en même temps des impressions sensorielles diverses et même nombreuses ; mais nous ne pouvons pas appliquer à toutes d'égales facultés de perception. Je vais, pour développer ma pensée, prendre en exemple non point l'oreille, mais l'œil qui se prête mieux à quelque étude démonstrative.

Lorsque nous sommes parvenus au sommet d'une montagne, nous avons le sentiment d'embrasser dans notre champ visuel un nombre considérable d'objets que nous découvrons en même temps. De même quand, d'une scène de théâtre, nous considérons la salle avec, comme dit Claudel, « ses centaines de visages blancs », nous admirons le sens de la vue qui nous permet un acte de connaissance à la fois si rapide et si complexe. Après un petit moment donné à cette éblouissante révélation, nous ne tardons pas à comprendre que tous les éléments de ce spectacle ne sont pas saisis par nous avec une égale intensité. Il existe, sur la rétine, sur cette membrane qui tapisse le fond de notre œil, un point particulièrement sensible que les anatomistes appellent la « tache jaune ». À ce point exquis, correspond une vision particulièrement intense. C'est en ce point que nous amenons à se former l'image choisie par nous entre toutes les images du panorama comme la plus digne de requérir notre attention. Je dirai donc, en d'autres termes, que nous voyons beaucoup de choses à la fois, mais que nous n'en regardons guère qu'une seule pendant un temps donné. Nous suppléons à cette limitation de notre regard actif par des déplacements très rapides. L'œil, appareil merveilleusement mobile, se promène dans le spectacle et saisit une foule de détails dont l'intelligence se sert pour reconstituer un ensemble minutieux. Mais la loi physiologique reste telle : si je découvre une foule, à la faveur d'un éclair, je verrai mille visages, et je n'en regarderai qu'un seul.

J'ai toujours pensé qu'en considérant la structure anatomique de l'œil, on pouvait fort bien comprendre ce qui distingue l'observation de la contemplation. Nous observons avec une petite partie de la rétine, avec ce que je viens d'appeler la tache jaune. Nous contemplons avec le reste. En d'autres termes, nous contemplons ce que nous ne regardons pas ou même ce que nous regardons mal et c'est bien pourquoi les contemplateurs sont apparemment des distraits.

Tout ce que j'ai dit du sens de la vue pourrait s'appliquer au sens de l'ouïe, bien que les appareils sensoriels soient profondément dissemblables. Il est bien évident que si nous pouvons percevoir en même temps un grand nombre de sons et de bruits, si nous pouvons embrasser par l'ouïe un vaste panorama sonore, nous ne tardons pas à concentrer notre faculté d'attention sur une très faible partie de ce panorama. Nous écoutons une voix et nous entendons le reste. Comme pour la vision, nous suppléons à cette étroitesse de nos moyens par un déplacement de notre attention. Ce déplacement est d'ailleurs moins rapide que celui de l'attention visuelle. Quoi qu'il en soit, l'homme normal ne semble pas fait pour la polyphonie en ce sens qu'il ne peut pas percevoir avec la même force tous les dessins mélodiques proposés par une polyphonie véritable.

Eh bien, c'est précisément parce que la polyphonie excède en apparence les bornes de notre nature ou plutôt les bornes d'une nature moyenne que la polyphonie représente non seulement une grande conquête, mais encore un exercice admirable.

Les âmes vraiment musiciennes ont une aptitude naturelle à percevoir en même temps plusieurs chants. Par l'étude et le jeu, de telles âmes arrivent à développer leur faculté d'attention comme on développe d'autre part l'indépendance des muscles et, chez les organistes, par exemple, l'indépendance des mains et des pieds. Mais je tiens pour certain que, même chez le génie musical le plus surprenant, il reste une hiérarchie des perceptions et que les trois voix d'une fugue, par exemple, ne peuvent pas et même ne doivent pas venir dans l'âme au même plan.

Je répète « ne doivent pas » et je vais, en expliquant ce mot, en arriver à la plus notable de mes propositions.

Je vous l'ai dit tout à l'heure : nous regardons un visage et nous voyons les autres, nous écoutons un chant et nous entendons les autres. Il semble, puisque je viens de parler d'une hiérarchie des perceptions, il semble au premier abord que l'objet sur lequel nous concentrons, de gré ou de force, notre attention, soit le plus important de tous ceux qui nous sont offerts. Voilà qui demande commentaire.

Il est bien évident que l'objet regardé, le son écouté, précisément parce qu'il est soumis avec le plus d'intensité à l'action corrosive de notre intelligence, est le plus vite et le mieux connu, le plus vite classé, le plus vite analysé et simplifié. Mais les objets qui demeurent dans le champ de notre perception sans tomber sous le feu, sous le projecteur de notre attention, ces objets contribuent d'une façon plus secrète, plus mystérieuse, moins froidement claire, à composer nos sentiments.

On pense ce que l'on regarde. On rêve ce que l'on voit. De même pour l'audition. Ce qui se trouve dans la droite ligne de notre intelligence attentive, ce qui constitue le message essentiel, en musique le chant principal, comme disent les écoliers, n'est probablement pas ce qui nous atteint dans les parties les plus profondes, les plus intimes de notre être. Le phénomène le plus délicat, le moins définissable, ou mieux le phénomène ineffable se passe dans les marges, dans la zone de pénombre. Ce que nous écoutons peut se trouver sublime, cela reste le plus souvent naturel. Ce que nous entendons est aisément magique et surnaturel. Le grand mystère de la musique s'accomplit hors de l'attention directe, aux limites de notre connaissance.

Et c'est bien pourquoi la polyphonie représente une étonnante conquête, car elle nourrit toutes nos âmes, si j'ose ainsi parler; elle offre à notre sensibilité et à notre intelligence un festin somptueux. Nous dévorons certains mots, nous ne faisons que goûter les autres, certains ne sont que respirés, d'autres, desquels nous ne prenons rien, sont pourtant nécessaires à l'architecture de l'ensemble : s'ils n'étaient pas là, nous aurions le

sentiment du déséquilibre et de l'inassouvissement. Notre parfaite satisfaction est au prix de
toute cette prodigalité. Tel est, pour nous,
hommes d'Occident, l'art puissant qui cache une
part de ses beautés. Les frises et les métopes du
Parthénon étaient à peine visibles, mais leur seule
présence, devinée, sentie, contribuait à l'opulence
de l'ensemble. Une œuvre d'art véritable est faite
de beautés évidentes et de beautés cachées. Et la
pudeur de ces dernières ne les rend pas moins
émouvantes.

*   *   *

Quelle fête qu'un beau concert d'orchestre ! Un
grand nombre d'artistes excellents sont rassem-
blés pour notre joie. Nous allons communier
dans la pensée d'un maître. Que si cette pensée
nous est déjà connue et même familière, notre
plaisir se trouve accru d'expérience et d'espoir.
Que s'il s'agit d'un ouvrage inconnu, la curiosité
nous point et nous élève. Nous admirons la belle
ordonnance de l'orchestre. Nous reconnaissons
les diverses familles d'instruments. La plupart de
ces instruments sont d'une structure ancienne,
éprouvée. La science moderne, qui bouleverse
tout, n'a pu modifier le violon. Elle a fait très peu
de choses pour la flûte. Elle a, dans le bel ensemble, introduit quelques rares instruments qui,
pour obtenir leurs quartiers de noblesse, devront
avoir séduit un grand artiste qui leur aura confié
quelque message particulier.

Le concert commence. Une pensée musicale naît et se développe. Nous la suivons avec étonnement, avec ravissement. Pour la suivre, tantôt nous sommes emportés sur les ailes des violons, tantôt nous naviguons au souffle des trompettes, tantôt nous nous confions au fleuve majestueux des contrebasses. Notre attention, dans ce monde enchanté, se trouve sans cesse sollicitée, détournée, reprise. Mille détails l'arrêtent ; mais un grand courant, sans cesse, la saisit et l'emporte. Parfois, nous nous sentons au bord même de la confusion. Toutes les voix de l'orchestre tourbillonnent dans la tempête, et, soudain, l'ordre revient, de plus en plus fort et impérieux. La pensée directrice sort des nuages, comme le soleil, et nous la remercions d'autant mieux d'être claire que nous avons, une seconde, éprouvé l'angoisse de nous sentir perdus.

Ces grands festins ont, par leur ampleur même, quelque chose de solennel, d'exceptionnel. Un de mes plus sûrs griefs contre la musique mécanique, c'est qu'elle a fait tomber, dans le morne quotidien, des trésors réservés sagement jusqu'ici à l'ornement des cérémonies mémorables ou aux jours de recueillement. Par la faute de la musique mécanique, tout est remis à notre caprice, qui n'est pas un bon guide. Nous pouvons entendre les aubades à la fin du jour, les sérénades en plein midi et la *Messe en si* pendant que nous prenons notre repas. Je ne voudrais pas revenir sur ces misères. J'en ai déjà beaucoup parlé. La nature de l'homme ne s'accommode pas de semblables dérèglements. Tel qui croit possible de boire à chaque repas du vieux vin de Bourgogne non seulement connaîtra la goutte, mais cessera bientôt de prendre plaisir au bon vin. Je ne saurais vivre sans musique ; pourtant s'il me fallait assister chaque jour à un grand concert d'orchestre, je succomberais sûrement à de tels excès de nourriture. Pour bien goûter la musique, il faut donner beaucoup de soi, il faut se dépenser beaucoup. L'admiration est une joie épuisante et nos forces sont mesurées.

*   *   *

De même que le vrai gourmet trouve son meilleur plaisir dans un repas délicat où l'on sert un petit nombre de plats parfaits, de même le véritable amateur de musique éprouve une prédilection particulière pour ce que l'on appelle très justement la musique de chambre.

Entre toutes les combinaisons possibles pour un petit nombre d'instruments, celle du quatuor à cordes est la plus renommée, celle qui a, justement, suscité la plus riche littérature. Si l'on renonce au complexe tissu de l'orchestre, il est sage de revenir à l'homogénéité des timbres. Il existe, de Mozart, de charmants quatuors dans lesquels un violon se trouve remplacé par la flûte ou le hautbois ; on connaît, du même Mozart, le célèbre quintette avec clarinette. L'œuvre de Beethoven comporte aussi nombre de ces œuvres exceptionnelles et que l'on se réjouit de posséder dans le trésor musical. Les musiciens modernes ont fait bien des recherches pour varier la composition des petits ensembles. Mais il semble que le quatuor à cordes reste la combinaison la meilleure. Il existe d'admirables quatuors avec piano — je mets au premier rang les deux quatuors avec piano de Mozart — il existe d'illustres quintettes qui nous sont offerts par les plus grands maîtres ; mais le piano, instrument à cordes percutées, ne se fond jamais parfaitement dans l'ensemble et, pour le véritable amoureux de musique, rien n'égale, en suave et harmonieuse richesse, l'union de deux violons, d'un alto et d'un violoncelle. Qu'un beau trio soit préférable à un mauvais quatuor, cela ne fait pas question. Je ne parle que des œuvres des maîtres, des pages excellentes que l'on peut comparer entre elles dans leur éclatante beauté. Je ne parle que des belles œuvres jouées par de parfaits artistes. Le quatuor à cordes représente donc, à mon goût, la polyphonie par excellence. Ce n'est pas une polyphonie trop touffue. Bien que les quatre instruments en présence soient tous susceptibles de jouer sur plusieurs cordes et de faire entendre plusieurs chants, c'est, essentiellement, un concert à quatre voix. Quand les maîtres veulent une voix supplémentaire, ils l'ajoutent ; c'est le cas pour les quintettes à deux altos, de Mozart, pour le quintette à deux violoncelles de Schubert. Ces quatre voix sont admirablement graduées et les deux voix, apparemment

jumelles, des deux violons, nous donnent à comprendre ce que doit être la variété dans l'unité. Il
suffit d'entendre, dans le quatuor, ces deux instruments semblables, ces deux instruments frater-
nels pour discerner, même dans leur harmonie, le
triomphe béni de l'individualisme. Comme les
voix du quatuor ne sont pas trop nombreuses,
nous pouvons vraiment les suivre toutes dans
leurs évolutions, dans leurs aventures. Nombreuses, elles le sont bien assez et elles sont bien
assez différentes pour nous procurer toutes ces
impressions de mystère marginal et d'ampleur
panoramique dont je parlais tantôt et qui sont la
vraie magie de la musique polyphonique.

* * *

L'orchestre complet nous donne l'image d'une
société parfaite. Chacun y joue un rôle essentiel,
même quand ce rôle semble obscur. Que si l'un
des instrumentistes est défaillant, il faut, pour
l'équilibre de l'ensemble, qu'il soit remplacé,
qu'un instrument voisin, tant bien que mal,
bouche le vide ainsi creusé, joue ce qu'on appelle,
dans le jargon du métier, les « à défaut ». Comme
cette société est nombreuse, elle a besoin d'un
chef et ce chef, par l'autorité, est comparable non
pas aux monarques dits absolus et qui sont liés de
toutes parts, mais bien plutôt au capitaine d'un
navire à la mer, maître après Dieu.

Le quatuor est une société plus restreinte. Ce
n'est pas, comme l'orchestre, une nation. C'est,

plus exactement, une famille. Le chef existe, et, comme le père dans la famille heureuse, il ne fait pas montre de ses prérogatives, il ne se tient pas sur un trône, à la vue de tous. Il est assis parmi les siens. Il travaille avec les siens. Il ne leur exprime pas ses volontés avec le sceptre ou la baguette ; mais simplement par un mouvement imperceptible de l'archet, du menton, ou du nez, par un infime clignement de la paupière, parfois même par une communication quasiment interne, par une manifestation de l'âme.

À cause de cette structure intime, de cette discrétion dans le commandement et dans l'obéissance, à cause de cette harmonie qui paraît spontanée, naturelle et préétablie, le quatuor nous donne, plus encore que l'orchestre, l'heureuse impression que l'ordre n'est pas impossible à l'homme. Il nous prouve aussi que cet ordre est la récompense admirable des petites associations.

* * *

Après avoir dit ce que représente pour moi la musique polyphonique et, particulièrement, le quatuor, sage et suave modèle de polyphonie, je ne peux pas ne pas revenir sur le fameux débat de la musique pure à l'examen duquel j'ai consacré tout le début de mon petit ouvrage.

À vrai dire, quand la musique ne s'explique pas d'elle-même, je suis d'avis qu'il faut se garder de l'expliquer. La musique, langage magnifique — je ne dis quand même pas langage humain, car l'homme n'est pas le seul être vivant qui soit sensible à la musique et susceptible d'en produire — la musique a, sur les autres langages, le grand avantage d'être le truchement commun de toutes les nations. Or ce langage exprime — que Strawinsky me pardonne ! — des états d'âme qui ne sont pas immédiatement traduisibles dans les dialectes ordinaires. Est-ce à dire que ces états d'âme restent du domaine de la plus élémentaire affectivité ? Que non ! Ils comportent des sensations, des sentiments, des passions, des idées, enfin des émotions qui marient le tout. De certaines phrases musicales, nous disons avec raison qu'elles ont une grande profondeur philosophique. Il nous serait impossible, sans maladresse et sans ruse grossière, d'exprimer cette profondeur avec des mots, de la traduire en préceptes ou en raisonnements ; pourtant nous avons bien la certitude que si certaines phrases nous laissent au ras du sol, d'autres nous entraînent en plein ciel, d'autres nous font visiter les abîmes. Quoi de plus mystérieux que ce langage qui dit tout mais n'explique rien ?

Si je mets à part les ouvrages accompagnés d'un texte, toute la musique dramatique, les chants ou lieder, la musique religieuse, bref la musique vocale, si je mets à part aussi les poèmes symphoniques accompagnés d'arguments, je vois encore, dans la musique instrumentale pure, je veux dire la musique dépourvue de légende explicative, je vois encore la possibilité de distinguer plusieurs groupes.

Dans certaines œuvres musicales, une simple indication écrite peut quelquefois servir de clef. L'adagio du premier quatuor de Beethoven porte la mention *affettuoso e appassionato*. Il n'en faut pas davantage pour imaginer tout le drame. Dans d'autres œuvres, l'indication fait plus ou moins défaut ou elle demeure vierge de toute nuance psychologique. Pourtant il semble impossible de faire erreur sur le sentiment original de l'auteur. Dès les premières mesures, une poignante douleur nous étreint ou, tout au contraire, la joie, l'allégresse et même l'insouciance délient toutes les fibres de notre être. Nous suivons le développement et les altérations de tels états d'âme comme s'ils nous étaient signifiés dans le langage le plus net, le plus fort. La douleur s'allège, s'évapore, se résout en résignation. La joie, un moment troublée, un moment meurtrie, reprend grâce et légèreté. Dans telles autres pièces, le musicien raisonne, examine des arguments, les écarte ou les adopte, discute et généralement conclut. Tout cela, malgré l'absence de mots, est parfaitement intelligible et fait écho, fidèlement, aux aventures de notre cœur ou de notre esprit.

Il existe enfin nombre d'œuvres musicales qui ne portent aucune indication explicative et dont le sens humain n'est pas traduit de façon si volontaire et si précise qu'il ne reste, même pour des auditeurs favorisés d'une même culture et de goûts analogues, possibilités d'interprétations fort diverses. Pour nombre de ces œuvres, des traditions interprétatives se sont imposées petit à petit. On leur a donné des noms, des étiquettes. On dit *le clair de lune, l'aurore, la goutte d'eau*. Certaines de ces étiquettes sont purement familiales ou mêmes conjugales ou même individuelles. Je ne critique pas cette coutume, elle traduit assez bien le goût du public pour les interprétations et les explications ; mais je m'efforce pour mon compte d'y résister, car je ne veux pas limiter le sens de telles œuvres.

Est-ce à dire que je ne leur cherche aucun sens ? Certes non, et comment le pourrais-je ? Cette musique, la musique pure, la musique essentielle, n'est assurément pas un stérile jeu de sonorités. Quant au sens qu'il convient de lui donner, je propose ce qui va suivre.

Supposons que la joie nous soit donnée d'entendre le septième quatuor de Beethoven et tout d'abord le premier allegro. Ce quatuor, que je sache, n'a pas reçu de désignation particulière. On ne l'appelle pas, comme le second : *quatuor des révérences*. Il ne comporte pas, comme le sixième, une page expressément dénommée la *mélancolie*. En l'entendant, il se peut que nous tombions en rêverie et que nous songions les uns et les autres à quelque chose de notre vie. Peut-être à certaine promenade faite au plus beau jour de notre jeunesse, à certaine querelle qui nous a séparé de notre meilleur ami, à la perte d'un être chéri, à telle méditation solitaire, à quelque suprême rendez-vous, à un voyage, à une amitié, à une profonde souffrance. J'accumule à dessein les explications contradictoires.

Eh bien, s'il nous arrive de former l'une ou l'autre de ces pensées, croyez bien que c'est exactement cela que le musicien a voulu nous dire. Et s'il nous arrive de penser à des choses très différentes, c'est qu'il a, effectivement, voulu dire à chacun de nous des choses très différentes et même parfois contradictoires. Et s'il ne nous apporte rien de précis, s'il ne nous donne qu'une confuse impression de bien-être ou de malaise, c'est qu'il veut, très précisément, nous donner cette confuse impression. Enfin s'il ne nous dit rien du tout, s'il n'éveille en nous ni les sentiments, ni les pensées, ni les images, c'est bien qu'il ne veut rien nous dire, c'est qu'il n'a rien à nous dire.

La musique pure, si nous savons l'aimer, nous donne ce que nous lui demandons, et c'est pourquoi je la préfère à toutes autres.

*   *   *

Il existe en vérité deux musiques. D'abord celle du concert. Celle que nous venons chercher à des sources illustres et renommées. Elle se doit d'être parfaite et de nous produire la pensée des maîtres dans sa lumineuse pureté. L'autre est celle que nous balbutions sur nos instruments d'amateur, celle que nous fredonnons en voyage, celle que nous laissons chanter tout le jour dans le fond de notre cœur. Entre la seconde et la première, il y a bien des passages et la musique en quelque sorte «quotidienne» s'alimente, s'abreuve à l'autre. Ces deux musiques sont inégalement précieuses. Si la musique du concert nous donne le sentiment de l'accomplissement, de la pureté, l'autre musique, la quotidienne, la vitale, fait si intimement partie de notre existence et de notre âme que je ne peux y penser sans émotion, comme au pain et au vin de la communion, comme au sel de l'hospitalité, comme à l'air que l'on respire, comme à la flamme de la vie.

S'il vous arrive, ô mes compagnons!, de rencontrer au long de votre voyage des hommes qui, d'un air distrait et parfois même doucement incivil, chantonnent, fredonnent, sifflotent, même en société, même à table, même au cours d'un de ces colloques dits sérieux où se débattent des affaires importantes, soyez-leur indulgents, je vous en prie, et reconnaissez des âmes musiciennes.

Le vrai musicien est celui qui vit si bien dans la société des maîtres qu'il les cite à tout instant, qu'il les prend à témoin, les invoque, les interpelle, les mêle ingénument à tous les actes de sa vie. Cet homme, parfois, vous chantera, d'une voix peut-être malhabile et fausse, une phrase que vous ne reconnaîtrez pas toujours et qui fera paraître sur son visage une expression d'extase, d'amour, de courage ou d'orgueil. Ne riez pas. Écoutez! Dites-vous que ce compagnon candide vous veut du bien, qu'il souhaite de vous faire honneur et plaisir et que, comme d'autres vous offriraient une fleur ou un bonbon, il tire de son trésor, de sa cassette inépuisable, quelque joyau, quelque précieuse merveille et qu'il espère, pour un instant, d'en illuminer votre vie.

VII

MYSTÈRES DE LA MUSIQUE

Dimanche d'été. Vent et nuages. Des espérances et de grands soucis. Je rêve, laborieusement. Et, tout à coup, à travers les cloisons, j'entends chanter le plus jeune de mes fils. Il chante, d'une voix trop vite muée, quelque chose de rude et de puissamment rythmique, un des thèmes de la *Rhapsodie espagnole*, me semble-t-il, un des thèmes de ce Ravel qui sera, pour mon garçon, le musicien élu de son adolescence. — Qu'on parle de Ravel devant lui, et il rougit aussitôt comme une demoiselle surprise.

Il chante ! Est-il joyeux ? Non ! Non pas : il est malade. Il a depuis deux jours une fièvre très inquiétante. Il chante quand même. Cela monte du plus profond de sa vie, comme une fusée irrésistible, sans mots, sans raisonnements. Une pensée quand même.

Avec ce qui est de la chair, tout ce qui est de la musique se présente à mon entendement comme un mystère parfaitement étranger à notre intelligence discursive.

Les mystères de la musique je les ai célébrés de

bonne heure. Don et même abandon de tout l'être, soif infinie de communion, généreux besoin d'héroïsme, quête de résonateurs magnifiques pour mes douleurs et mes délices, voilà donc ce qui m'entraînait et bientôt me consumait dans ces orgies de ma jeunesse. J'étais ignorant et libre. Le concert dominical m'était indispensable parce que je ne savais pas, tout d'abord, faire de la musique moi-même, parce qu'il était somptueux, avec ses timbres mêlés, sa multitude officiante, ses programmes opulents, parce que la chaleur de la foule attentive contribuait merveilleusement à sublimer mon désir.

Plus tard, les grandes faims assouvies — elles renaissaient encore plus vite que les appétits de l'amour —, j'ai fait de mon mieux pour m'instruire. Oh! avec le respect d'une belle marge d'ignorance. Je me défie quelque peu des théologiens de la musique, de ces casuistes de la tonalité, de la mesure ou du temps, qui savent tout expliquer, tout réduire en belles formules. On peut s'instruire des mystères, à la condition toutefois de les laisser vivre et palpiter dans leur pénombre originelle.

Je dis que je me suis instruit et cela signifie que j'ai fait, petit à petit, de grands approvisionnements. Oui, j'ai mis en réserve des trésors de musique. Je vais moins souvent au concert que dans mon jeune temps. Ce n'est certes pas l'effet de l'indifférence. Je me sens aujourd'hui aussi curieux, toujours aussi sensible et même non

moins avide qu'autrefois. Mais je suis chargé de
soins, accablé de travail, sollicité par mille
devoirs. En outre, depuis quelques années surtout, j'ai grand besoin de solitude. Je vis, autant
qu'il se peut, dans la retraite, ce qui est la meilleure façon de voir éclore l'espérance. Je vais donc
moins souvent au concert. La musique est en
moi. Elle vit dans la profondeur. Car ces richesses
ne sont pas inertes, elles ne sont pas embaumées.
Elles veillent, comme le vin précieux dans les
fioles, au fond des chais.

C'est souvent en solitude, aujourd'hui, que je
célèbre les mystères de la musique. Tel un prêtre
prisonnier qui réciterait tout seul les prières de la
messe, sans autel et sans ciboire. C'est une messe
quand même, ou, si l'on veut, un message.

Si je marche, dans les rues de Paris, suivant
mes itinéraires familiers, la musique m'accompagne. Le mystère s'accomplit, secrètement, au
milieu de la foule muette et mélancolique, la
foule malheureuse de ma patrie humiliée.

Oui, le mystère s'accomplit. Parfois je vois
venir à moi une musique exquise. Elle commence
de marcher à mes côtés, comme une jeune fille.
Elle règle mon âme et mon pas. Ceux qui m'aper-
çoivent doivent se demander pourquoi ce monsieur rit aux anges. C'est — mais ils ne le voient
pas — qu'un ange m'escorte en ce moment.

Je ne joue plus de flûte. Le temps me manque
et même le souffle. Ma maison n'a vraiment plus
besoin d'une flûte supplémentaire. Elle retentit,

cette maison, de musiques délirantes. Tous mes garçons, tous mes neveux, toutes mes nièces s'évertuent dans toutes les chambres. Ils ne jouent pas fort bien, ni les uns, ni les autres. Pourtant, quelles ardeurs, quels élans ! Et que de bruyantes palabres ! Il m'arrive de dire en riant : «Vont-ils me saouler de musique ? Vont-ils, s'ils continuent, me dégoûter de ma musique ?» Voire ! Ils ne font que la faire refleurir et rejaillir. Telles œuvres que je pensais usées, épuisées pour moi, se reprennent à verdoyer. Il me semblait bien, l'an dernier, que j'avais oublié le charme délétère, vénéneux des *Chants et danses de la mort.* Mon fils Antoine les a trouvés cette année. Il en a de nouveau submergé la maison. Je me reprends à les fredonner, dans le secret de mon silence. Et je m'aperçois que c'est encore plus beau que je ne pouvais le croire, plus poignant encore qu'autrefois.

J'attends le moment — proche sans doute — où mes petits-enfants vont rappeler dans ma solitude Beethoven et Chopin qui sont parfois en vacances. Ils seront bien accueillis et je leur ferai fête. — C'est des musiciens que je parle. —

Un jour dans la campagne hongroise, j'écoutais de bons tziganes. Paul Valéry m'aperçut, car nous voyagions ensemble. Il vint vers moi et me regarda curieusement : «Vous avez l'air enivré», dit-il enfin. Oui, j'étais enivré. Mais quelle ivresse lucide !

Parfois, je suis malheureux. Le monde fuit de

toutes parts. La foi m'échappe. Mon ciel se couvre. Alors, je sens monter, du fond de l'abîme, quelque pure mélodie que je garde pour ces grandes minutes. Et le miracle s'opère. Je recommence à respirer. Le fardeau s'allège et tombe.

Parfois un ami vient me consulter sur un point qui le tourmente. J'écoute attentivement et je réfléchis. Vient le moment de répondre. Si je suivais la pente de ma nature, je me mettrais à chanter — avec cette voix défaillante, avec cette gorge malade —. Oui, je tirerais de mon trésor certain air que je connais et qui contient toute sagesse. Mon ami ne comprendrait rien. Alors je me sers de mots et ce n'est qu'un expédient.

Petit à petit, parce que l'âge me presse, je cherche mes refuges plus loin et plus haut qu'autrefois. Certaine musique de Bach répond seule à mes soifs, à cet instant de ma vie. Elle répond du moins la première à l'appel. Mais ne je suis pas ingrat. Je n'oublie pas les autres et je n'en renie aucune.

Je me garde soigneusement de faire des projets trop précis et donc trop imprudents en ce qui pourrait concerner les circonstances de ma mort. Mais il me plairait que la musique, la mystérieuse musique m'aidât à franchir le seuil, qu'elle ne fût pas absente, à cette minute dernière, d'une vie qu'elle a ennoblie et je suis tenté d'écrire d'une vie qu'elle a sanctifiée. Je pourrais l'avoir mérité, sans toutefois l'obtenir. C'est un vœu entre beaucoup d'autres, un vœu que je fais à voix basse.

Appendice
HOMMAGE
À LA
MUSIQUE FRANÇAISE [1]

Au début même de cet hommage que j'entends rendre à la musique française, électivement à deux des musiciens les plus remarquables de ce temps qui est le nôtre, il m'est nécessaire de donner des clartés sur le rôle que je suis amené à jouer dans cette conjoncture.

Ce rôle, je n'entends ni le réduire ni l'exalter. Je ne voudrais pas donner à croire que je vais expliquer l'inexplicable. Les problèmes techniques mis à part, la musique, heureusement, défie les commentateurs. J'ai beaucoup écrit sur la musique. Mais vraiment me suis-je permis jamais d'analyser des ouvrages que j'admirais, que j'admire ? Non, certes... J'ai peut-être célébré ma ferveur et mon plaisir, je n'ai jamais porté sur les ouvrages de la divine musique un scalpel indis-

1. Conférence prononcée aux Amitiés Françaises de Bruxelles avant un récital de Jacques Thibaud. Publié par fragments dans Biblio, XIXe année, n° 7 (août-septembre 1951), pp. 5-8 et dans Journal de la Confédération musicale de France et de l'Union française (septembre 1955). Publication intégrale dans les « Cahiers des Amis de l'Abbaye de Créteil », n° 1, décembre 1976.

cret, je ne les ai jamais touchés avec la raison corrosive. J'ai parlé le plus souvent de moi, de ce que ces belles œuvres déterminaient en moi, de mes élévations, de mes communions, de ma gratitude.

Je n'entends donc pas, aujourd'hui, résumer ici ce que l'on trouve dans les livres de bons historiens de la musique et, notamment, dans les ouvrages de René Dumesnil, de Paul Landormy, de Fauré-Frémiet, de Maurice Boucher, de Charles Koechlin, de René Peter, de Pasteur Vallery-Radot, de Guy Ferchaut, d'Emmanuel Buenzod, de Gustave Samazeuilh, pour n'en citer que quelques-uns.

Enfin pour mieux parler de Gabriel Fauré, de Claude-Achille Debussy, je ne remonterai pas jusqu'au moyen-âge, je ne dirai rien de notre extraordinaire XVe siècle et rien même de tous les hommes de génie ou de grand talent qui ont contribué, d'âge en âge, à cet édifice de la musique française, à cette construction si riche, si diverse et pourtant si mal connue. Il me faut toutefois attirer l'attention de mon lecteur sur la part que la France a prise dans la construction de la civilisation occidentale et, singulièrement, dans la floraison de la musique occidentale.

Car, en vérité, la France n'est absente d'aucune des expériences, des entreprises, des aventures du génie occidental. Dans les sciences, dans la philosophie, dans les arts plastiques, dans les arts dynamiques, l'apport de la France est considérable et surtout continu. La France est rarement éclipsée par les autres nations de l'équipe et, s'il arrive qu'elle le soit, elle manifeste bientôt sa présence et sa constance. Que l'Italie cesse de brandir le flambeau de la peinture, et la France est là pour renouer la tradition ; que le génie des grands Hollandais ou des grands Espagnols donne des signes de lassitude, et la France, tout naturellement, passe au premier plan. Elle poursuit la tâche.

Ainsi en toutes choses et donc en musique. L'Allemagne, pendant la fin du XVIIIe siècle et pendant le XIXe siècle, a conquis la plus grande gloire ; elle a fait du moins, pour les âmes ingrates ou mal instruites, oublier l'opulente et persévérante fortune des pays voisins. Et puis, un moment est venu où l'Allemagne a succombé aux séductions de Mammon, à l'ambition de la puissance temporelle. Alors, on a pu penser que le monde entier allait vivre de souvenirs. La Russie, qui venait de donner des musiciens admirables, songeait à se détourner de l'Occident qui lui avait tant appris. L'Italie, tout à l'ivresse du vérisme, honorait certes encore Verdi, mais semblait se désintéresser de la musique savante, de la recherche. L'Espagne sortait à peine de la torpeur où, pendant presque tout le XIXe siècle, elle s'était, disait-on, complue. Fertiles en écrivains, les nations scandinaves en étaient à recevoir, avec Grieg, Linding et Sibelius, les premières grandes faveurs de la musique. La France n'a certes pas manqué, dès le début de cette syncope universelle, à son devoir d'initiative et de maintenance. La France qui, pendant le XIXe siècle, avait tenu son rang grâce à Berlioz, Bizet, Chabrier, Lalo,

Saint-Saëns et beaucoup d'autres dont les noms chantent sur toutes les lèvres, la France, dans le désarroi général, a fait le nécessaire pour étonner et d'ailleurs pourvoir le monde. Elle a lancé, dès le dernier quart du dernier siècle, un somptueux feu d'artifice. Elle a donné d'abord et dirait-on, d'une seule haleine, Gabriel Fauré, Charpentier, Debussy, d'Indy, Widor, Duparc, Bruneau, Dukas, Florent Schmitt, Roussel, Ravel, Guy Ropartz, Chausson, Albéric Magnard, puis, presque sans reprendre le souffle, Albert Doyen, Ibert, Milhaud, Auric, Honegger, Poulenc, Delvincourt, Messiaen et aujourd'hui, les dodécaphonistes de la nouvelle école.

Qu'on me laisse ouvrir ici une première parenthèse. Si je n'ai pas encore cité César Franck, à ce point de ma harangue, c'est que Franck appartient à la Belgique et à la France. Je n'ai pas encore cité Guillaume Lekeu, qui est belge et que nous aimons. C'est que, quand je parle de la France, je parle aussi de la Belgique. Il m'est difficile de disjoindre deux nations voisines et qui ont si souvent communié dans l'art, dans la joie et dans la douleur. Rubens est flamand, mais c'est en France qu'il a trouvé une longue prospérité. La moitié de la pléiade symboliste, c'est la Belgique fraternelle qui l'a donnée à la France et au monde. Debussy que je vais célébrer a demandé à Maeterlinck le thème de sa plus belle œuvre. Nos destinées sont inséparables et, quand la Belgique est inquiète, c'est que nous sommes malheureux.

Je ne referme cette première parenthèse que pour en ouvrir une seconde. J'ai prononcé le nom de Franck et celui d'Honegger. Il me faudrait y joindre celui de Strawinsky. Aux musiciens comme aux peintres, la France est hospitalière, et ceux qu'elle accueille à son foyer cessent bientôt d'y être considérés comme des étrangers.

Telle est donc, depuis soixante-quinze ans, cette musique française à laquelle il convient de rendre un juste hommage. Il me faut dire encore, pourtant, que si la France, pendant la période qui va de 1875 à 1950, s'était contentée de produire une foule variée de compositeurs, d'inventeurs, elle n'aurait encore accompli que la moitié de sa tâche. La France a, dans le même temps, donné d'excellents virtuoses qui ont formé des élèves et célébré la musique dans toutes les nations du monde civilisé. La France, enfin, a formé de grands publics et cela m'amène à parler de l'éminente vertu de l'auditoire. On trouve, au début du fameux livre de Nietzsche, *Ainsi parlait Zarathoustra*, une phrase que nous ne devons jamais oublier, nous tous qui portons si grand intérêt aux démarches de l'esprit créateur. Le philosophe, sorti de sa caverne, s'avance dans la lumière et parle au soleil : « O grand astre, s'écrie-t-il, quel serait ton bonheur si tu n'avais pas ceux que tu éclaires ? » Les grandes époques d'une civilisation, celles pendant lesquelles on a vu les arts, les lettres et les sciences jeter leurs plus beaux feux, sont celles qui ont été marquées par un haut degré de culture, celles où l'ardeur du public a sollicité, déterminé, récompensé les artistes, car une œuvre est encore plus belle quand elle a été bien comprise, bien goûtée, patinée en quelque sorte par l'amour d'une multitude intelligente.

Si je dis que, dans ce temps où presque toutes les autres nations défaillent, la France a pris tout naturellement la première place, si je dis encore que la France n'a pas cessé de marquer la plus vive curiosité à tout ce qui pouvait lui venir du vaste monde, à tout ce que lui proposaient et le présent et le passé, j'aurai clairement assis les fondements de mon éloge.

*   *   *

Les historiens de la musique, s'ils abordent l'œuvre des compositeurs russes, par exemple, ne manquent pas de noter qu'un certain nombre de ces compositeurs ont subi l'influence des maîtres allemands, Glazounov et Tchaïkovsky, entre autres, alors que le groupe dit des *Cinq*, au contraire, se donnait pour consigne de s'inspirer du folklore national et de faire sortir, des profondeurs du peuple, une musique vraiment russe. Je saisis cet exemple pour poser tout de suite une question qui me paraît essentielle : les deux musiciens que nous célébrons ici sont-ils particulièrement désignés pour représenter cette musique française à laquelle nous voulons rendre hommage ? Sans hésiter, je réponds oui ! Et je vais donner les raisons de cette réponse.

Tout grand artiste, d'instinct, cherche l'éternel et l'universel, j'entends l'éternel humain et l'universel humain. Il m'est arrivé d'entendre, à l'autre extrémité du monde, chanter des chants qui m'ont ému non par leur étrangeté, mais parce qu'ils touchaient en moi l'homme, oui, l'homme de toujours et de partout, avec son infinie misère, son besoin d'espérance et de consolation. Mais l'artiste prédestiné, c'est, à mes yeux, celui qui atteint à cette merveilleuse généralité humaine en exprimant avec force les sentiments et les vœux de la nation qui l'a vu naître. Wagner est universel et il est, toutefois, terriblement germanique. Moussorgsky est extraordinairement russe ; n'empêche qu'il est tout de suite proche de mon cœur et de mon esprit, s'il me parle de l'enfance, de la mort ou de la solitude.

Les deux musiciens français qui se trouvent, ce soir, les héros de notre fête sont, l'un et l'autre, encore que de manière différente, extraordinairement représentatifs du génie français. Claude-Achille Debussy, dans la fin de sa vie, se donna lui-même le titre de « musicien français ». Il a longtemps inquiété les amateurs de l'étranger, avant d'atteindre à la gloire œcuménique. Il m'est arrivé de ranger l'œuvre de Claude-Achille au nombre des mystères français, avec les tragédies de Racine, certaines pièces de Molière, notre goût de l'éloquence pure, notre sentiment des jardins construits, nos traditions culinaires et diverses autres merveilles. Ces mystères ne sont pas abso-

lument incommunicables, mais ils supposent des
rites et ils exigent une initiation, comme le mystère du thé au Japon et toutes les autres coutumes
de caractère ésotérique. Le cas de Fauré est sans
nul doute encore plus étonnant. S'il faut en croire
l'un de ses commentateurs, M. Paul Landormy,
Fauré n'aurait pas encore passé franchement les
frontières de sa patrie parce que les hommes des
autres nations le considèrent comme « trop français ». On cite parfois, à ce propos, la destinée de
Brahms qui se vantait, avec quelque peu de naï-
veté, d'être purement germanique et qui a dû
patienter longtemps aux frontières de sa patrie,
avant de gagner le large. Ainsi donc, n'en doutons
pas, entre tous les musiciens que j'ai cités tout à
l'heure et qui, tous, expriment quelque chose du
pays qui les a vus naître, Gabriel Fauré et Claude
Debussy ont été justement choisis comme les
délégués de l'âme française, avec ses vertus profondes, ses couleurs changeantes, son prodigieux
don d'invention, sa promptitude, qu'on aurait
tort de prendre pour de la légèreté, son aversion
pour l'éloquence, enfin cette subtilité qu'évoque
M. Paul Landormy quand, à propos de Fauré, il
cite le fameux *Art poétique* de Verlaine :

> *De la musique avant toute chose,*
> *Et pour cela préfère l'impair,*
> *Plus vague et plus soluble dans l'air,*
> *Sans rien en lui qui pèse ou qui pose.*

Nos deux musiciens sont nés en France, mais

dans deux provinces éloignées et dissemblables. Fauré est de Pamiers, petite ville de l'Ariège. Il deviendra, naturellement, un musicien de la France méridionale et de la Méditerranée. Debussy est un musicien de l'Ile-de-France. Il est né à Saint-Germain-en-Laye, dans le rayonnement de la capitale. On y peut voir encore sa maison natale. Debussy peindra le monde, certes ; mais c'est un homme du Nord, il est tenté par la légende maeterlinckienne. Il aime le soleil, mais la pluie l'inspire et les jardins auxquels il revient toujours sont ceux du septentrion.

Ne cherchons pas là, d'ailleurs, un thème d'opposition qui risquerait d'être arbitraire. Pensons plutôt que toutes les provinces de la France donnent leur récolte d'hommes remarquables. Berlioz est dauphinois, Chabrier, auvergnat. Assurément, Bizet, Duparc et d'Indy sont parisiens ; mais Gustave Charpentier, le chantre de Paris, est meusien ; Ravel et Roussel sont basques, Lalo est du Nord, Florent Schmitt est lorrain. Inutile de poursuivre : nous voyons ainsi que toute la France est à l'œuvre, que toutes les régions délèguent quelques belles voix dans le chœur.

Autre découverte que fait l'esprit curieux en consultant les historiens : Debussy et Fauré sont tous deux sortis de familles très simples où la musique n'était pas traditionnellement cultivée. J'aime à penser que Jean-Sébastion Bach et Mozart, par exemple, représentent le couronnement d'une lignée d'artistes ; ainsi se justifient les lois de l'éducation. Mais je salue de grand cœur le merveilleux hasard du don. Le grand-père de Gabriel Fauré était boucher, son père, sous-inspecteur de l'enseignement primaire. Voilà qui résume en quelques mots l'ascension d'un clan, ce phénomène que je me suis proposé de peindre dans le cycle romanesque des *Pasquier*, ce phénomène qui permet de comprendre comment la France assure le renouvellement de ses élites en prenant sans cesse de nouveaux éléments dans la masse élémentaire du peuple. Une personne alliée à la famille de Claude-Achille Debussy m'a dit que les parents de l'extraordinaire musicien étaient marchands de faïences. Quel espoir cela représente pour tous les parents de condition humble et laborieuse qui attendent la naissance d'un fils ! C'est peut-être ce petit enfant qui deviendra pareil, un jour, à ce Claude-Achille Debussy que je me suis avisé d'introduire — les romanciers ont de telles audaces — entre les personnages d'un de mes récits et que j'appelle, mystérieusement, « un prince ».

Je ne connaissais pas encore la vie de Fauré, ni très bien celle de Debussy, quand j'ai composé le premier volume de la *Chronique des Pasquier* et que j'ai peint la petite Cécile, l'ange de la musique, fascinée par la vue d'un piano, son premier piano, alors qu'elle était encore un bébé. J'ai découvert avec émotion, plus tard, en lisant les biographies de nos deux maîtres, qu'ils avaient, tous deux, subi la même attraction vertigineuse, celui-ci en voyant le vieux piano de ses parents, et l'Ariégeois en découvrant l'harmonium de la petite ville, dont son père dirigeait l'école normale. Je ne sais si l'on verra, dans les maisons de l'avenir, ces vieux pianos, ces vieux instruments qui font de tels miracles et je n'ose pas croire que la vue d'un phonographe ou d'un poste de radio suffira, chez nos arrière-neveux, à déterminer d'impérieuses vocations. Ne confondons pas l'instrument de musique avec l'appareil scientifique. Le premier doit tout à l'artiste qui le manie, le second doit tout au technicien qui l'a imaginé et construit, très peu à l'usager qui le fait fonctionner.

Ces deux musiciens ont été contemporains, sans nul doute, mais la nature ne leur a pas accordé les mêmes franchises. Fauré a vécu soixante-dix-neuf ans et Debussy est mort à cinquante-six ans. Quel est celui des deux qu'il faut envier ? Je ne saurais le dire. Heureux celui qui peut longtemps labourer son champ et en obtenir de riches récoltes, certes. Heureux aussi celui qui meurt en pleine possession de son génie et qui s'en va, nous laissant le sentiment que nous n'avons pas tout entendu de lui, qu'il nous réservait des surprises merveilleuses. Apparu dans le monde dix-sept ans avant Debussy, Fauré lui a survécu six ans. Ce qui compte, sans erreur possible, ce sont les heures du début et de la maturité. Debussy est venu plus tard ; il a commencé ses expériences déterminantes assez longtemps après Fauré et c'est pour cela, sans doute, qu'il a, sur la fin de sa vie, mené la musique un peu plus loin, sur la route de l'inconnu, que son illustre aîné.

Cela dit, voyons ce qu'il y a de commun entre ces deux hommes si peu semblables par l'origine ethnique, par le tempérament, par les dons. Tous deux sont les témoins du XIXe siècle dans la seconde moitié de sa course. Tous deux sont les témoins des grands bouleversements qui annoncent en quelque mesure la fin d'une ère. Le romantisme, à l'âge où nos deux musiciens se manifestent, a dit son dernier mot ou va le dire. Le naturalisme littéraire a conquis la faveur des multitudes ; mais le symbolisme, en poésie, et l'impressionnisme, en peinture, commencent de séduire les élites. La musique pure triomphe dans les concerts. Assurément, elle ne semble pas assouvir toujours nos deux jeunes maîtres. L'opéra retentit encore des fanfares wagnériennes. Il en est marqué pour longtemps ; les observateurs n'imaginent pas ce que l'opéra va devenir après le règne du maître germanique. Enfin, le monde humain se trouve en proie à une sorte d'orage métaphysique. Les succès de la méthode cartésienne ont enivré la société intellectuelle. La raison, célébrée par Méhul au début du siècle, est maintenant toute-puissante, beaucoup plus sûre de son empire que nous ne la voyons aujourd'hui. Elle règne. Les consolations de la foi religieuse sont encore accordées à quelques âmes dévouées ;

mais nombre d'artistes, de savants, de lettrés
s'accoutument à vivre tant bien que mal dans cet
état qu'il m'est arrivé de peindre en deux mots :
celui de l'agnosticisme désespéré.

Nous voici loin de la profonde et sereine dévotion de Jean-Sébastien Bach. Nous savons que le
grand Bach a connu la tristesse, la lassitude, la
douleur ; en revanche, il a été miraculeusement
soutenu. C'est à la foi qu'il a consacré la plus
grande part de son œuvre. Et comment pourrait-
on ne pas envier cette piété féconde ? Il ne semble pas que les deux maîtres dont nous saluons ici
le génie aient connu des allègements de cette
sorte. M. Philippe Fauré-Frémiet nous apporte, à
ce sujet, un témoignage que nul ne songerait à
récuser : « Quoique vivant dans l'atmosphère des
églises, écrit-il, Gabriel Fauré n'est pas croyant.
Pas croyant, mais pas sceptique... Gabriel Fauré
imaginerait assez volontiers un au-delà semblable
aux antiques Champs-Élysées. Là, tout serait harmonie et douceur, sagesse et grâce, joie et tendresse. Est-ce un paradis idéal ? — Non. Mais
dans l'ignorance des lois du monde, il est permis
de s'en contenter... » Je cite ces phrases parce
qu'elles nous apportent des clartés. J'admire sans
réserve le *Requiem*. Je juge le *Cantique de Racine*
simple et beau. Je vois dans le *Requiem* l'œuvre
capitale d'une vie. Elle peut combler les croyants.
Mais, comme nous l'explique une personne parfaitement digne de notre confiance, Fauré a été

touché par le mal du siècle. Les profonds apaisements de la foi ne lui sont pas accordés.

Pour Claude-Achille Debussy, la réponse est encore plus claire. La foi religieuse ne semble être, chez ce maître, ni la source essentielle d'inspiration, bien évidemment, ni même un noble prétexte. La musique religieuse n'a jamais sollicité Debussy, et l'on ne saurait en aucune manière considérer le *Martyre de Saint-Sébastien* comme une œuvre inspirée ou soutenue par la foi. Debussy est un panthéiste. Il représente merveilleusement une époque où les hommes, dessaisis de Dieu, ont cherché tant bien que mal de nouvelles raisons de vivre.

Je me trouvais un jour — je pense que ce devait être en 1945, pendant l'euphorie de la Libération — à côté de François Mauriac chez le violoniste Hewitt. On y donnait un concert de musique de chambre et je venais d'écouter, avec admiration, avec émotion, dis-je, plusieurs ouvrages dont le *Quatuor* de Debussy que je tiens pour une œuvre parfaite. « Ah ! m'écriai-je soudain, pendant une pause, comme cette musique est triste et poignante ! » — « Certes, me répondit Mauriac, et c'est bien la musique de gens qui ont perdu Dieu. » Je me garderai d'épiloguer sur ce bref dialogue. Force m'est toutefois de reconnaître que les maîtres de ce temps-là, et particulièrement ceux auxquels nous pensons aujourd'hui, ont fait effort pour remédier à ce manque, pour combler ce vide béant, pour se distraire de ce qui fut, somme toute, le mal de leur siècle. L'impressionnisme et le symbolisme les sollicitaient ; ils se sont livrés à de nobles jeux. Sans abandonner tout à fait la musique pure, cette musique dont Strawinsky devait dire, plus tard, qu'elle est « impuissante à exprimer quoi que ce soit », nos deux compositeurs se sont plu à peindre, justement, par le moyen des sons, la nature, les spectacles, les lumières, les êtres, et aussi les passions, les états d'âme. Alors que l'auteur de *Petrouchka*, reniant en quelque sorte une grande et belle partie de son œuvre, déclare que la musique ne saurait faire comprendre « un sentiment, une attitude, un état psychologique, un phénomène de la nature » — ce sont ses propres termes —, Fauré et Debussy, selon leurs dons et les impulsions de leur génie, n'ont pas désespéré d'évoquer tout ce que Strawinsky considère comme étranger à l'essence même de l'art musical.

Nos deux maîtres ont excellé dans cette carrière que leur temps ouvrait devant eux. Ils ont composé, pour la voix, pour le piano, pour l'orchestre, un grand nombre de morceaux qui chantent aujourd'hui dans toutes les mémoires et qui pourraient, à eux seuls, justifier cette musique descriptive contre laquelle, dans certains moments d'humeur, il m'est arrivé de formuler des critiques.

J'ai eu le plaisir, il y a deux mois peut-être, d'entendre, dans une société bien choisie, exécuter, à la suite, les vingt-quatre préludes de

Debussy. J'aime cette musique charmante, émouvante, vive, nostalgique ; le fait que l'habile pia-
niste était un étranger, ce fait m'a bien prouvé
que Debussy avait conquis ses droits à l'universa-
lité. J'avoue pourtant que l'épreuve est téméraire,
que les titres des préludes paraissent parfois inter-
changeables, et qu'une simple indication de tonalité me laisserait beaucoup plus franc dans les
frontières de mon plaisir, donnerait libre cours à
ma rêverie.

Je ne boude pas, ce disant, contre mon cœur et
mon esprit. Que cette musique délicate, cha-
toyante, caressante vienne à son heure et me voici
tout à fait heureux. Au reste, et je reprends ici le
fil de ma glose, Debussy et Fauré ont, pour l'honneur de la musique, abordé les œuvres de longue
haleine, conquis, sur la scène lyrique, la place
d'honneur, la première place. Ils ont donné de
grandes œuvres de concert pour l'orchestre. Ils
ont enfin composé de la musique de chambre et
de la musique pure, je veux dire de ces ouvrages
qui se présentent à nous sans argument, sans
thème avoué, de ces ouvrages auxquels nous pouvons donner le sens que nous suggère notre propre rêverie.

Ces deux musiciens, qui ont respiré en même
temps sur la terre, fréquenté les mêmes lieux,
suivi les mêmes courants, observé parfois les
mêmes disciplines, ces deux musiciens ne semblent pas, si l'on en croit leurs biographes, avoir
été liés d'affection. Gabriel Fauré tenait rubrique

au *Figaro*. Son œuvre critique est considérable. On n'y saurait trouver une seule page sur Claude Debussy. C'est M. Philippe Fauré-Frémiet qui en fait la remarque. Et il ajoute : « Gabriel Fauré admirait l'œuvre de Claude Debussy beaucoup plus qu'il ne l'aimait. » Et pourtant Fauré admirait Paul Dukas, l'auteur d'*Ariane et Barbe-Bleue* qui a, dans cette œuvre même, rendu au musicien de *Mélisande* un hommage inoubliable ! À ces deux musiciens, il est arrivé de traiter les mêmes thèmes, de choisir les mêmes héros. Ces deux hommes, qui ont contribué, dans le même temps, à libérer la musique française des influences étrangères, à l'élever, à la pousser au premier rang, ces deux hommes ne se sont pas trouvés liés par l'affection, ils n'ont pas communié.

Nous touchons ici à ce que l'on pourrait appeler l'égoïsme farouche des artistes, à ce besoin qu'ils ont parfois de faire tomber, entre eux et ceux qui bataillent avec eux dans l'arène, de faire tomber des voiles, d'élever des barrières. Ce n'est d'ailleurs même pas une règle. Le cœur triomphe parfois de façon inopinée et la gratitude aussi. Fauré a travaillé pour Saint-Saëns, qui est, aujourd'hui, injustement traité parfois, et Fauré n'a jamais celé la reconnaissance que lui inspirait son maître. Debussy a été, au Conservatoire, l'élève du fameux M. Lavignac, celui qui, si je ne me trompe, disait, au début de son livre sur Wagner, que les pèlerins de Bayreuth devraient faire le voyage à genoux. Debussy admire, et il ne s'en cache pas, Bizet, Franck, Moussorgsky, d'autres encore. Cela ne l'empêche pas de céder à un goût bien parisien de la boutade, de parler avec désinvolture de maîtres révérés, d'aventurer, dans la préface d'un ouvrage fort sérieux, des phrases surprenantes, un peu gamines : « Ne nous essoufflons pas à écrire des symphonies, faisons des opérettes ». Il y a du caprice chez ce prodigieux inventeur. Mais il y a, ne l'oublions pas, un lettré très sûr, qui choisit bien ses auteurs et juge, avec fermeté, les poètes auxquels il demande ses thèmes d'élection.

Au demeurant, consolons-nous en pensant que les musiciens, comme les écrivains, comme tous les autres artistes, ont quelque besoin parfois de s'abandonner à la fureur d'intransigeance et de détestation. Weber, lisant le mouvement final de la *VIIᵉ symphonie*, déclare que l'auteur est fou. Saint-Saëns, qui a contribué à introduire Wagner en France, le renie quand la gloire du magicien devient par trop envahissante. Gounod rejette César Franck d'un mot maladroit et malheureux. À beaucoup de ferveur, devons-nous croire qu'il faut parfois le contrepoids d'un peu de hargne ?

Et puis le caprice et la malice ne sont pas de toutes les heures. M. Landormy nous affirme que Debussy, qui admirait Chopin et Grieg, n'était ingrat ni pour Massenet, ni pour Gounod, qu'enfin il parlait de Fauré avec une certaine reconnaissance. Nous lisons aussi, dans le même auteur, que Gabriel Fauré salua pourtant les compositions faites par Claude-Achille sur les cinq poèmes de Baudelaire comme une « œuvre de génie ». N'en demandons pas davantage et soyons heureux de voir que les deux plus grands musiciens d'une même époque ont su tenir un juste équilibre et se traiter mutuellement sinon avec tendresse, du moins avec courtoisie.

*   *   *

J'ai dit, tantôt, avec tous les historiens de la musique, j'ai dit que Fauré et Debussy ont contribué puissamment à libérer l'école française des influences étrangères.

L'originalité qui, de bonne heure, marquait leurs œuvres, devait être vive au regard des maîtres de la génération précédente, vive et peut-être décevante. On connaît la surprenante phrase de Liszt à qui Fauré venait de montrer le manuscrit de la *Ballade* pour piano et orchestre. Le vieux virtuose parcourut ce manuscrit et le rendit à l'auteur en murmurant : « C'est trop difficile... »

Des érudits, des commentateurs, des historiens, ont, semble-t-il, donné trop d'attention à l'influence exercée sur Debussy par les musiciens russes de la grande époque. On a voulu considérer comme illuminant le voyage que fit Debussy à Moscou, environ sa dix-septième année. À vrai dire, Rimsky, Balakirev, Borodine, le grand Moussorgsky n'étaient pas encore célébrés par leurs compatriotes, en 1879, comme ils devaient l'être bientôt en Russie, et dans le monde entier.

Il semble que Debussy ait trouvé ses techniques tout seul. Les grands courants d'idées, dans les arts comme dans les sciences et dans les lettres, touchent en même temps tous les peuples qui sont à même d'en tirer profit.

Il serait d'ailleurs invraisemblable d'imaginer qu'un artiste, même génial, aurait tout tiré du néant. L'essentiel, pour un créateur, est d'accepter des disciplines et de les modifier heureusement. L'essentiel est de recevoir le message et de le porter plus loin. L'essentiel est de ranimer le flambeau. La sonate de Debussy pour piano et violon, annonce, dès 1915, toute cette musique nouvelle dont nous entretiennent aujourd'hui nos fils et que je serais tenté d'appeler l'ultra-musique. Je suis, je peux bien l'avouer, attaché à des formules éprouvées par de grands maîtres qui m'ont aidé à former mon esprit et mon cœur. Je ne me laisse pas toujours séduire par les prestiges des artificiers de la musique dite sérielle ou dodécaphonique. Je ne résiste pas ; mais je ne suis pas convaincu. Si quelqu'un pouvait m'introduire dans ce nouveau temple, ce serait peut-être notre Debussy. Les rêves sonores sont exceptionnels. On voit, en rêve. On entend rarement. Les personnages de nos rêves paraissent, agissent, souffrent et nous font souffrir. Ils chantent et parlent bien rarement. Debussy nous a dotés d'un grand nombre de musiques dont je ne saurais dire autre chose que ce sont, à mon sentiment, des rêves harmonieux.

Je l'ai dit tantôt, la musique pure, la musique pure et «de chambre», ne tient pas la place la plus considérable dans l'œuvre de nos deux maîtres. Fauré, sans doute, est plus généreux. Pour Debussy, on pourrait compter les œuvres de ce genre sur les doigts : le quatuor, l'admirable quatuor, deux danses pour harpe, une rhapsodie pour clarinette, la sonate pour violoncelle et piano, la sonate pour violon et piano, la sonate pour flûte, alto et harpe.

Je vous prie de ne pas oublier que la sonate en la de Fauré fut composée en 1875, pendant un séjour que le musicien fit à Villerville. Elle ne fut exécutée qu'en 1878. C'est une des deux sonates pour piano et violon de cet auteur.

La sonate de Debussy, l'unique sonate pour violon et piano, est, nous dit-on, de 1915 ou 1916. Il est juste et même nécessaire de mesurer l'intervalle de temps qui sépare ces deux ouvrages et de considérer l'âge auquel le musicien les a composés. En 1875, Fauré avait trente ans. Il était dans la fleur de son génie. La sonate de Debussy est un fruit de la maturité. C'est la dernière œuvre de ce maître. À l'entendre je ne peux m'empêcher, moi, médecin, de comprendre que, déjà, la souffrance est dans la place, que les ombres de la mort sont déjà répandues sur cette âme rayonnante. C'est la troisième des trois sonates dont je viens de vous parler. C'est vraiment l'œuvre de la fin. Je parlais, il y a quelques moments, de la tristesse de notre musique moderne. Que dire alors de la sorte d'angoisse déchirante qui me saisit parfois quand j'entends cette sonate, cette méditation non certes sereine, mais frêle et ténébreuse comme peut paraître l'âme au seuil du néant? C'est là, me semble-t-il parfois un chant désespéré à la gloire du périssable. Il me semble entendre une voix qui me souffle à l'oreille des phrases mystérieuses : « Il n'y a que le périssable qui soit éternel. » Oui, le périssable est éternellement périssable. Et tels sont, à nous, fugitifs, notre part et notre sentiment de l'éternité.

Que si le moraliste vient nous demander si l'on peut vivre avec une telle musique, dans une telle musique, et j'ajouterai vivre d'une telle musique, je répondrai qu'elle n'est pas toujours également tragique. Fauré est le plus souvent sensuel, sensible, sentimental et tendre. Chez lui, la tristesse a l'accent de la mélancolie, sauf toutefois dans le *Requiem*. Chez Debussy, après beaucoup de nonchalance, beaucoup de joie enfantine ou charnelle, beaucoup de sursauts et de bonds, le dialogue avec l'inconnaissable est souvent repris. Comme tous les grands musiciens, Bach, Beethoven, Mozart, Wagner, Schumann, Schubert, surtout Schubert, notre Debussy a tutoyé la mort et de tels entretiens nous ont laissé des témoignages.

On sait que Debussy eut le courage, en 1917, de jouer cette œuvre testamentaire, c'est-à-dire d'accompagner lui-même Gaston Poulet, de dire lui-même, et publiquement, adieu à ce monde qu'il avait aimé, qu'il avait déifié.

Je me tourne maintenant vers Jacques Thibaud qui veut bien, ce soir, célébrer pour nous tous l'office et nous faire communier. Nous sommes, Jacques Thibaud et moi, des témoins de ce temps où la France a produit ces génies rares et précieux. Jacques Thibaud est au nombre des maîtres qui ont reçu pour mission de faire entendre au monde entier les œuvres de nos musiciens. Il a connu les deux alchimistes du son dont il va nous faire tout à l'heure goûter les élixirs. J'ai vu son portrait auprès de Fauré, non loin de Pablo Casals et de Cortot. Nous savons tous que Fauré venait réveiller son violoniste d'élection, pourtant souffrant, et le faisait lever avec, dit le biographe, « une impitoyable douceur » en murmurant : « Prenez votre violon, on va faire de la musique. »

J'ai souvent eu la joie d'entendre Jacques Thibaud, en France et hors de France. Il est celui qu'il m'est arrivé d'appeler le virtuose parmi nous, celui qui, de la nature, a reçu tous les dons que nous aurions souhaité avoir, y compris le don du travail et de la longue patience, sans lequel les autres demeureraient vains. Il est celui d'entre nous qui a été choisi pour nous restituer les œuvres que nous aimons dans leur parfaite et originale pureté, celui qui, devant nous, remet les chefs-d'œuvre dans leur juste lumière, celui qui va nous redonner, ce soir, ces figures exactes des musiciens que nous pourrions, au gré de nos propres rêves, distraire du modèle et déformer peut-être.

Je n'ai pas eu, comme mon cher ami Pasteur Vallery-Radot, la joie et l'honneur de vivre dans le rayonnement de ce Debussy pour qui les hommes de ma génération ont tant de gratitude. Mais je l'ai vu, plusieurs fois, jadis, au Vieux-Colombier, en 1913. Il connaissait la petite salle, semblable à un mastaba, dans laquelle furent menées à bien tant d'expériences dont devait résulter une véritable renaissance du théâtre. En 1911, d'ailleurs, j'avais eu l'audace, débutant que j'étais, d'envoyer à Debussy ma première pièce, qu'Antoine avait représentée à l'Odéon et qu'on venait d'imprimer. J'avais reçu, du maître aimé, une lettre vraiment délicieuse, une lettre écrite de cette petite écriture que je reconnaîtrais encore entre beaucoup. J'ai recherché cette lettre qui m'a suivi tout au long de ma vie et je l'ai retrouvée, j'ai eu le bonheur de la retrouver tout de suite dans la masse d'une correspondance innombrable, mais soigneusement classée.

Gabriel Fauré fréquentait aussi la petite salle du Vieux-Colombier. Et surtout après la guerre. Il était alors âgé, un peu somnolent, isolé par la surdité dont il a cruellement souffert pendant les dernières années de sa vie. Je n'ai jamais eu l'audace de le saluer, même pour lui rendre hommage.

Il m'est arrivé, ces jours derniers, en secouant la poussière de mes classeurs, de songer à l'avenir de musiciens comme Fauré, comme Debussy, je veux dire, vous m'entendez bien, à l'avenir de leur gloire.

Les historiens nous affirment qu'en 1875, Fauré faisait figure de révolutionnaire. Nous avons un peu de peine à le croire, car cette musique est désormais mêlée à celle de notre vie, elle exprime à merveille nombre de nos pensées et de nos sentiments, de nos sensations, de nos émotions. Cela nous incline à penser que nos petits-enfants se trouveront peut-être, à l'égard de Schoenberg, d'Alban Berg, de Bela Bartok ou de Leibowitz, dans une position analogue où nous nous trouvons, en 1950, devant Debussy et Fauré.

Ce qu'il est important de dire, au moment de quitter les deux maîtres que nous honorons, c'est qu'ils ne semblent ni l'un ni l'autre avoir été soumis à ce traitement particulier qu'il m'arrive parfois d'appeler le réfrigérateur de la gloire.

La France est si riche en hommes remarquables qu'elle se montre, envers ses grands écrivains surtout, sourcilleuse et fantasque. Des hommes qui ont connu la plus grande gloire de leur vivant sont, à peine disparus de la scène du monde, enfermés, avec leur œuvre, dans cette glacière étrange, au sein du silence et de l'ombre. Pendant vingt ans et plus, la France, dirait-on, se recueille, s'efforce d'oublier, s'assure du recul et prépare le jugement de la postérité. C'est à peine si Barrès, France et Loti, par exemple, sortent de ce purgatoire où Ronsard est resté deux siècles, c'est-à-dire jusqu'à la fameuse préface de Sainte-Beuve, qui date de 1828.

Cette pratique sévère, presque cruelle, ne touche pas de la même manière les musiciens. Certains y sont quand même soumis. Alfred Bruneau, par exemple, Saint-Saëns et quelques autres dont on redécouvrira quelque jour l'œuvre et la gloire. Quant à Debussy, quant à Fauré, il semble que cette épreuve leur ait été épargnée. Ils ne nous ont pas quittés, depuis l'heure de la séparation temporelle. Leur haute silhouette se dresse, chaque jour plus distincte et mieux dessinée, sur le ciel de notre temps. Ils ont pris, pouvons-nous dire, leur place dans la chaîne d'or que, de génération en génération, la France cisèle et parfait pour assurer la continuité de la civilisation, pour relier, sans défaillance, le passé riche et confus à l'inconcevable avenir.

Table des matières

RIVAROL, *Journal politique national*
SCHOPENHAWER ARTHUR, *Insultes*
SPENS WILLY de, *Cyrano de Bergerac*
STRINDBERG AUGUST, *Au bord de la vaste mer*
VERY PIERRE, *Les Disparus de Saint Asie*
    Goupi — Mains rouges
VOLTAIRE, *« Sarcasmes »*

Achevé d'imprimer en octobre 1989
sur presse CAMERON
dans les ateliers de la S.E.P.C.
à Saint-Amand-Montrond (Cher)

Le Rocher
28, rue Comte-Félix-Gastaldi
Monaco

Dépôt légal : octobre 1989
N° d'Édition : CNE section commerce et industrie Monaco 19023
N° d'impression : 2071

Imprimé en France